btb

Der Schriftsteller Hanns-Josef Ortheil hat in seinen autobiografischen, zeitgeschichtlichen und historischen Romanen immer wieder Glaubensmomente dargestellt, in denen die handelnden Akteure sich mit Bruchstücken der christlichen Überlieferung beschäftigen. Mal geht es um Hörerlebnisse in Gottesdiensten, mal um Lektüren biblischer Passagen, aber auch die tieferen Fragen danach, worin der Glaube eigentlich besteht und wie er im alltäglichen Leben erscheint, spielen eine bedeutende Rolle. In dieser Anthologie stellt er einige solcher intensiven Momente aus seinen Romanen vor, erläutert ihre kulturellen Hintergründe und erzählt davon, wie sie entstanden sind.

HANNS-JOSEF ORTHEIL wurde 1951 in Köln geboren. Er ist Schriftsteller, Pianist und Professor für Kreatives Schreiben und Kulturjournalismus an der Universität Hildesheim. Er gehört zu den bedeutendsten deutschen Autoren der Gegenwart, und sein Werk wurde mit vielen Preisen ausgezeichnet, darunter dem Thomas-Mann-Preis, dem Nicolas-Born-Preis und zuletzt dem Stefan-Andres-Preis. Seine Romane wurden in über zwanzig Sprachen übersetzt.

HANNS-JOSEF ORTHEIL

Glaubensmomente

btb

Glaubensmomente

Anfang der fünfziger Jahre war der christliche Glaube für meine Eltern, die vor meiner Geburt vier Söhne im Zweiten Weltkrieg und in der Nachkriegszeit verloren hatten, das stärkste Fundament ihres Lebens. Damals bin ich in Köln aufgewachsen und habe mit ihnen zusammen erleben dürfen, woraus ein solches Fundament besteht und was es bedeutet.

Meine Eltern kamen aus einem kleinen Ort im Westerwald, wo beide in relativ streng katholischen Großfamilien aufgewachsen waren. Mein Vater hatte zehn Geschwister, meine Mutter vier. Über »den Glauben« wurde in beiden Herkunftsfamilien nicht viel gesprochen oder gar diskutiert. Der Glaube war einfach da, er war in einer langen Reihe von Generationen an meine Großeltern vererbt worden wie ein großes Haus, in dem man sich wohl fühlte und sich gerne und ohne jeden Widerspruch aufhielt.

Auch meine Eltern haben über den christlichen Glauben niemals debattiert oder sich länger darüber unterhalten, auch für sie war der Glaube »einfach da« wie eine Lebensform, die das Leben der Familie bis in den Alltag hinein prägte. Genau hier war der Glaube am spürbarsten: im selbstverständlichen Einhalten bestimmter Rituale, in Formen des Umgangs mit anderen Menschen und in der großen Liebe, die meine Eltern, seit sie sich in ihrem Heimatort während eines Dorffestes kennengelernt hatten, miteinander verband.

Zu den Ritualen gehörte zunächst das tägliche Beten, das meist nur wenige Minuten dauerte. Am frühen Morgen betete ich mit meiner Mutter, und am Abend, vor dem Ins-Bett-Gehen, erneut. Meist wurde ein »Vater unser«, ein »Ave Maria« und noch ein weiteres Gebet (zu einem Heiligen, jeweils wechselnd, vor allem an Gedenktagen) gesprochen. So war der Tag durch die Gebete gerahmt. Das erste und das letzte Wort galten nicht den Themen der Welt, sondern jenen Gestalten oder Personen, die diese Welt entworfen und ihr Prägung und Ausrichtung gegeben hatten.

Anders als in vielen anderen katholischen Fami-

lien wurde zu den Mahlzeiten aber nur selten (und meist nur am Sonntag) ein Gebet gesprochen. Mein Vater meinte (und sagte häufig), man solle es mit dem Beten »nicht übertreiben«. In solchen Wendungen kam eine gewisse Gelassenheit gegenüber dem Glauben zum Ausdruck, mit der er sich von der strengen Glaubensausübung seiner eigenen Eltern entfernte. Streng katholisch (im alten Sinn) war meine Familie daher nicht. Man betete nicht viele Male am Tag, man las außerhalb der Gottesdienste nicht in der Bibel, und man gehörte weder einem Pfarrgemeinderat noch sonst einer kirchlichen Institution an.

Wohl aber ging man einmal in der Woche in eine Kirche und nahm an einem (meist besonders festlichen) Gottesdienst teil. Dadurch wurde das Jahr in den Rhythmen und unterschiedlichen Phasen des Kirchenjahres erlebt. Nicht die profanen Festtage, sondern die großen kirchlichen Feiertage wie Weihnachten, Ostern und Pfingsten waren die Höhepunkte des Jahres, auf die man sich freute und an denen man mehrere Tage lang »feierte«. Speisen und Getränke wurden auf die Themen des Kirchenjahres abgestimmt. Freitags aß man kein Fleisch, in der Fastenzeit reduzierte man das Essen, und in der Adventszeit ging man häufiger in die Kirche (und aß kaum Süßigkeiten, damit sie an Weihnachten umso besser schmeckten).

Ich habe die Glaubensmomente meiner Kindheit in bester Erinnerung. Natürlich haben sie sich während meines weiteren Lebens verwandelt. Ganz verschwunden sind sie aber nie, bis heute nicht. In diesem Buch habe ich einige gesammelt, die in meine Erzählungen und Romane eingegangen sind. Ich kommentiere sie kurz, um auch ihre Herkunft und ihre Hintergründe zu verdeutlichen. Vielleicht regt das die Leserinnen und Leser an, nach ebensolchen Momenten in ihrem eigenen Leben zu fragen.

Hanns-Josef Ortheil
Stuttgart, Köln, Wissen an der Sieg,
im Frühjahr 2016

Die Dorfkirche der Kindheit

In meinem Debütroman »Fermer« (1979) gibt es keine Nennungen realer Orts- oder Städtenamen. Deshalb ist für den Leser nicht erkennbar, wo sich der junge Fermer (die Hauptfigur des Romans) auf seiner Reise durch Deutschland gerade aufhält. Im vierten Teil des Romans, der »Die Erinnerung« überschrieben ist, befindet er sich in den Regionen seiner Kindheit auf dem Land.

Ich selbst dachte damals (als Autor des Buches) an den kleinen Ort Wissen an der Sieg, aus dem meine Eltern kamen und in dem ich selbst große Teile meiner Kindheit und Jugend verbracht habe. Natürlich spielte die alte katholische Dorfkirche (die Kirche »Kreuzerhöhung«) darin eine besondere Rolle. Regelmäßig nahmen wir dort zu dritt am Gottesdienst teil, so dass ich das Innere der Kirche bis in jede noch so kleine Einzelheit kannte.

Für ein Kind enthielt gerade diese Kirche aber etwas durchaus Besonderes. Der Kölner Dommaler Peter Hecker (1884–1971) hatte die Kirche in den Jahren 1928–1931 ausgemalt. Das gesamte Langhaus war mit seinen Fresken geschmückt, aber auch die Kuppel sowie der Chor und die Apsis waren voller Bilder, die von den Kirchenbänken aus gut zu erkennen waren. Blickte man zum Priester am Altar, blieb der Blick häufig an der Darstellung des Gottvaters hängen, der oberhalb, in der Apsis, auf einem großen Thron saß und beide Arme ausbreitete.

Genau dieses Bild erscheint auch in »Fermer«. Es handelt sich also nicht um eine freie Phantasie des Autors, vielmehr habe ich auf meine Kindheitserinnerungen zurückgegriffen, in denen das Bild eine bedeutende Rolle spielte.

Wie oft war er in der Kindheit in der alten Dorfkirche gewesen! Mit geschlossenen Augen hätte er sie finden können, hätte er in ihr jede Einzelheit wiederentdeckt! Die Frauen in grauen oder schwarzen Mänteln hatten sich sofort hingekniet, wenn sie in eine der schmalen Kirchenbänke gerutscht waren; sie mussten lange knien und eine ganze Zeit warten, bis sie auf ihrem Sitz Platz nehmen und zum ersten Mal verstohlen um sich schauen konnten, zu sehen, wer gekommen war und in welche Kleider es ihn verschlagen hatte. Die Männer aber waren schneller in den kühlen Kirchenraum gekommen; sie hatten verlegen in den Bänken geknickst und dabei nur flüchtig zum Altar aufgeschaut, um sich dann sofort zu setzen. Ihre Hüte hatten sie an kleinen, drehbaren Haken zwischen den Beinen aufgehangen, von wo diese bei allzu unvorsichtigen Bewegungen mit einem dumpfen Geräusch auf den Boden gefallen waren.

Die Gebetbücher voll von Heiligenbildern, auf deren Rückseiten die Namen der Toten standen, dazwischen die bekannten Lieder, zu jeder Jahreszeit dieselben; oft hatte er vor Langeweile die Bilder an der Kirchendecke betrachten müssen. Sie waren zu Beginn des Jahrhunderts gemalt worden, und die Großeltern hatten sich noch an den Maler erinnert, der auf einem hohen Gerüst, auf dem Rücken liegend, die Zeichnungen begonnen hatte. Adam und Eva, die Arme schamhaft vor den Leib geschlagen, neben einem verkrüppelten Baum, die

Erde voller Risse, aus denen Feuer loderten; in der ausgemalten Apsis thronte der altväterliche Gott mit wehendem weißem Bart, die Rechte in der Höhe, auf einer Insel im unendlich erscheinenden Meer. Wie der Priester am Altar trug er ein Messgewand mit dem Lamm auf der Brust, in der Linken die Erdkugel. Hinter einem Zipfel des bunten Gewandes lugte der Verführer hervor, ganz in Grau, wie eine nicht zu Ende geführte Skizze. Vor dem Thron waren im grün-blauen Wasser die Wellen nur schwach angedeutet; Engel schwammen dort in alle Richtungen davon, die Körper hoch emporgerichtet, segnend, Fackeln in den Händen. Zu beiden Seiten des Thrones aber standen Scharen der in weiße Gewänder gehüllten Propheten, Apostel und Bischöfe, eine unübersichtliche Zahl, die sich bis ins Mittelschiff verlor, von Regenbogen gestützt, die bis zur Taube reichten, die man vor dem goldenen Strahlengrund über dem Triumphbogen sehen konnte. Viele mussten beim Singen, die Köpfe hebend, zur Taube hinaufschauen, und da sie es seit ihrer Kindheit getan hatten, war die Frage, was man sich unter dem »heiligen Geist« vorzustellen habe, längst schon beantwortet.

In den Bänken musste man sich still verhalten und durfte nicht zur Seite blicken. Als Kind hatte er auf den Kniebänken gestanden, um über die hohen Köpfe der Erwachsenen zum von Kerzen umleuchteten Altar zu schauen. Von dort zogen am Sonntag Weihrauchwolken durchs Kirchenschiff.

Auf der Empore mühte sich der Chor, und erschrocken drehte man sich bei den ersten Tönen des Gesangs um, blickte zur Orgel, wurde ermahnt und hielt sich wieder still. In der Kindheit war die Kirche der Ort gewesen, in dem sich die Gerechtigkeit versteckt hatte. Nicht vor das Gericht im Amt gehörten die Verbrecher; sie gehörten in die Kirchenbänke, und indem sie dort knieten, konnte man ihre Schuld erkennen. Seine Schuld zu bekennen, das war immer die erste Pflicht gewesen, und als Kind hatte er sich seiner Sünden und Verfehlungen zu erinnern versucht, jedoch nichts gefunden, war die Sündenkataloge in den Gebetbüchern durchgegangen, hatte erschrocken innegehalten, wenn er sich entdeckt glaubte. Manchmal war die Angst ihm den Rücken hinaufgekrochen, dann war er noch Stunden nach dem

Kirchgang stummer als sonst gewesen, hatte die Gedanken an die Kirche aufgehoben wie ein Gut und erst am Abend, geborgen unter der Bettdecke, sich sicher gefühlt und, wie man sagte, »erlöst« …

Es tat ihm gut, sich so zu erinnern, und er nahm sich vor, jene Erinnerungen aus sich hervorzulocken und sie in sich zu befestigen. Was ihm erst die große, ausgemalte Decke der alten Kirche bedeutet hatte, zu der er wie zu einem fliegenden Teppich des heiligen Lebens emporgeschaut hatte – war ihm das nicht dann der Himmel geworden, die Ränder des Blaus, die Wolken, das Licht der Sterne? Der Himmel war zur Landschaft geworden, die sich manchmal zur Erde gesenkt hatte, als könne diese in ihr verschwinden. Wie mochte man wohl früher in den Himmel geschaut haben?

Das Kirchlein der Kindheit

Meine Kinderjahre verbrachte ich, wie schon gesagt, zu einem großen Teil auf dem Land (im Westerwald). Sonst aber lebten wir im Norden Kölns an einem geräumigen, recht großen Platz. Ganz in seiner Nähe befand sich eine Kirche (oder, wie es in der Familie hieß: »Das Kirchlein«). Es standen nur wenige Bänke in dem einschiffigen Raum, aber vorn, direkt nach dem Eingang, gab es eine kleine, dunkle Nische, in der ein Marienbild hing.

Unzählige Male bin ich zusammen mit meiner Mutter in das Kirchlein und in die kleine Nische gehuscht. Nach unseren Einkäufen, vor oder nach einem Spaziergang… – für zehn oder fünfzehn Minuten begleitete ich meine Mutter, und wir knieten dann meist vollkommen unbeweglich und wie erstarrt vor dem Andachtsbild.

Ich wusste genau, dass meine Mutter eine ge-

radezu innige Verbundenheit mit der Mutter Jesu empfand. All ihre Sorgen und Ängste hat sie, vermute ich, mit ihr besprochen, wie mit einer sehr guten Freundin, die sich geduldig jedes kleine Detail anhört. Ich vermute weiter, dass meine Mutter jedes Mal etwas anderes mit ihr besprach und dabei auf keine fertigen, abrufbaren Gebete zurückgriff. Eher mag alles wie eine kurze Unterhaltung gewesen sein, als begegnete man sich wie nebenbei auf der Straße und tauschte fast lautlos ein paar Geheimnisse aus.

Ich selbst wusste nicht, wie ich mich mit der Gottesmutter unterhalten sollte. Und so ließ ich es meist bleiben und betete still den Text einiger Gebete, die ich gut kannte. Als kleines Kind erlebte ich dabei zum ersten Mal in meinem Leben so etwas wie Meditation. Ich war hoch konzentriert, ich hatte wahrhaftig nichts anderes mehr im Kopf. Für kurze Zeit befand ich mich in einem geschlossenen, intensiven Raum der Stille, dessen besondere Kräfte beinahe immer zu spüren waren.

Erneut dachte ich daran, in einen Gottesdienst zu gehen, beinahe an jedem Sonntag kommt dieser Gedanke immer wieder und ganz unwillkürlich. Der Sonntag ist ein Tag, dessen Verlauf und dessen Rituale mir aus den Kindertagen geblieben sind, es ist, als wäre ich damals für immer mit bestimmten Sehnsüchten und Erwartungen geimpft worden, ohne die ich mir einen Sonntag einfach nicht vorstellen kann.

In den Kindertagen war dieser Tag nämlich der Tag des ganz anderen Lebens, des Lebens mit festlichem Charakter, das mit dem sonstigen Werktagleben nur sehr wenig gemein hatte. Einige Bestandteile dieses anderen Lebens hatte ich schon während jener Kirchgänge mit meiner Mutter kennengelernt, die alle paar Tage stattfanden, meist aber nicht länger als einige Minuten dauerten. sie führten uns in eine nahe gelegene Kapelle mit einem spitz zulaufenden Dach, in der es gleich rechts vom Eingang eine Gebetsnische mit einem Marienbild und vielen brennenden Kerzen gab.

Wenn wir uns zum Gebet vor dieses Bild knieten, ereignete sich jedes Mal etwas Merkwürdiges. Schaute ich nämlich konzentriert auf das Bild, wurde die Kirchenstille ringsum um einige Grade stiller, nur noch die feinsten Geräusche waren zu hören, das leise Knistern der brennenden Kerzen oder ein Holzknarren, irgendjemand hatte den Finger auf den Mund gelegt und allem Lebendigen befohlen, stiller und immer stiller zu werden.

Je stiller alles wurde, umso deutlicher aber strahlte das Marienbild auf, so dass ich schließlich sehr ruhig wurde und nur noch in das Gesicht der schönen Maria starrte, als würde ich von ihm in eine Hypnose der Stille versetzt. In dieser Hypnose begann ich zu beten, aber nicht so, dass ich mir bestimmte Worte ausgedacht hätte, sondern eher, indem ich zunächst zuhörte, wie das Beten in mir von selbst begann.

Das Beten begann, wenn mir die bekannten, großen Gebete einfielen, eins nach dem andern kam mir ganz von allein in den Sinn, und ich dachte und sprach sie im Kopf dann von Anfang bis Ende. Die Intensität, mit der ich betete, kam aber auch daher, dass ich neben meiner hingebungsvoll betenden Mutter kniete. Wenn ich etwas verstohlen zur Seite blickte, sah ich genau, wie sehr sie das Beten berührte, es war, als nähme sie sich aufs Äußerste zusammen, so angespannt und konzentriert kniete sie auf der harten Bank und schaute unentwegt die schöne Maria an.

Dieses Anschauen wirkte so, als bettelte sie um ein Gespräch, eine Entgegnung oder zumindest um einen kleinen Wink, alles an ihr hatte etwas Dringliches, so dass ich annehmen musste, es gehe um das Wichtigste überhaupt, um Leben und Tod. Die Anspannung und die hohe Bedeutung, die dem Beten anscheinend zukam, ließen mich daher annehmen, es gebe zwei Leben, das Werktagsleben mit all seinen kleinen Hindernissen, Sorgen und Peinlichkeiten, und das Sonntagsleben mit den Gebeten, dem Besuch des Gottesdienstes und einem festlichen Mittagessen, das an Schönheit und Feierlichkeit genau zu den sonntäglichen Gebeten und Gottesdiensten passte.

Das Gebet und die Gottesdienste waren also ein Hintreten vor Gott, man machte sich klein, sagte seine Verse und Texte auf, bat um seinen Segen und erzählte ihm, was in der letzten Zeit alles geschehen war. Vor allem solche Erzählungen machten das Besondere des Betens aus, man schaute noch einmal zurück, man ließ sich etwas durch den Kopf gehen, oder man überlegte, ob man in dieser oder jener Situation richtig gehandelt hatte.

So war Gott die höchste und strahlendste Instanz, vor der das kleine Leben zusammenschnurrte und sich in ein weites, offenes, großes Leben verwandelte. Der gewaltigste Ausdruck dieses großen Lebens aber stand am Rhein, denn ganz in der Nähe des Rheinufers befand sich der Dom und damit eine Kirche, die alle anderen Kirchen überragte und auch sonst nicht mit ihnen zu vergleichen war.

Ein Glaubensbild meiner Großeltern

Die andächtige Verehrung eines Marienbildes durch meine Mutter und das stille Gespräch mit diesem Bild waren mit Sicherheit angestoßen und angeregt durch ein altes Marienbild, das im Haus meiner Großeltern hing. Dabei handelte es sich um das Bild »Muttergottes in der Rosenlaube« des 1451 in Köln gestorbenen Malers Stefan Lochner, der auch den berühmten Altar der Kölner Stadtpatrone im Kölner Dom gemalt hat.

Jahrzehntelang befand sich eine Kopie dieses Madonnenbildes im Esszimmer meiner Großeltern. Betrat man dieses Zimmer, fiel es einem sofort in die Augen, so dass man für einen Moment innehielt und sich wieder erinnert fühlte: Richtig, da war sie wieder, die schöne Madonna, unter deren »Schutz und Schirm« sich die große Familie geborgen fühlte.

Das Schönste an diesem Bild aber war, dass je-

des Familienmitglied ein eigenes Verhältnis zu ihm hatte. Jeder sprach nämlich von ihm in anderer Weise, und jeder betrachtete es so, dass er in ihm etwas von seiner eigenen Art oder seinem eigenen Leben erkannte. So war die »Muttergottes in der Rosenlaube«, die sich heute im Kölner Wallraf-Richartz-Museum befindet, ein Spiegel all der Verschiedenheiten und Unterschiede, die es in unserer Familie gab.

Stefan Lochners »Muttergottes in der Rosenlaube« hing jahrzehntelang im Haus meiner Großeltern, das sich im Siegerland, etwa 100 km östlich von Köln, befindet. Es hing im Esszimmer, über dem schweren Sessel, in dem mein Großvater meist vor und nach den Mahlzeiten saß, um noch etwas zu lesen. An den Feiertagen, wenn die vielen Verwandten sich zur gemeinsamen Mahlzeit in diesem Zimmer versammelten, ging der Blick beim Tischgebet hinüber zu diesem Bild, es war ein Andachtsbild, ein Bild, das scheinbar direkt aus einem Kirchenraum ins Haus meiner Großeltern gebracht worden war, um auch dort ein kleines Stück Kirche unterzubringen und einzurichten. Wenn es einem nicht gut ging, war dieses Bild für einen da, dann betete man zu der Muttergottes als einer Mittlerin, die sich beim höchsten Gott für einen einsetzen würde.

In meinen Kindertagen habe ich den höchsten Gott mit dem Heiligen Geist oberhalb der Marienfigur überhaupt nicht bemerkt, ja ich glaube, dass ich damals überhaupt nur wenige Partien des Bildes wahrgenommen habe. Fast immer fixierte der Blick zunächst das Antlitz Mariens, dieses rätselhaft-fremde Oval mit der breiten Stirn, die ebenmäßige, faltenlose und straffe Haut, unglaublich zart und hell, den winzig-roten, geschwungenen Jungmädchen-Mund, die schweren Augenlider, die den gesenkten Blick noch stärker betonten – dieses blasse, vornehme und ferne Gesicht mit dem goldgelben, in großer Schönheit nach hinten fließenden Haar war alles, was ich erkannte und worauf ich achtete.

Manchmal aber fuhr ich mit meinen Großeltern und den Eltern nach Köln, dann gingen wir vom Bahnhof aus direkt in den Dom, um uns dort Lochners Altarbild der Kölner Stadtpatrone anzuschauen. Vom Dom aus aber spazierten wir oft noch weiter ins nahe gelegene Museum, wo die »Muttergottes in der Rosenlaube« das einzige Bild war, auf das wir überhaupt einen Blick warfen. Wir schauten nach, ob unser Bild sich noch an seiner alten Stelle befand, wir verglichen das Original mit der Kopie, und meist sagte irgendjemand von uns, dass man einfach nicht verstehen könne, warum um Himmels willen das Original einem denn viel kleiner erscheine als die Kopie.

Viel wichtiger aber war, dass ich bei diesen Museumsbesuchen endlich Gelegenheit hatte, unserem »Muttergottes«-Bild auf Augenhöhe und ganz aus der Nähe zu begegnen. Einmal fielen mir dabei die kleinen Engel auf, die sich im Rücken der Madonna über eine Brüstung beugten: Einer der Engel hielt eine rote Rose in der Rechten und streckte sich, um mit der Rechten eine weitere Rose zu pflücken! Ein anderer reichte dem Jesusknaben einen Apfel und hielt in der anderen Hand einen kleinen Korb, hoch mit Äpfeln gefüllt! Zu Füßen der Madonna aber saßen vier etwas größere, musizierende Engel: Zwei Lauten!

Eine Harfe! Eine kleine Orgel! Warum aber waren es gerade vier, warum vier?

Seltsam, dass die Muttergottes auf ihr Musizieren nicht reagierte. Sie lächelte nicht, ja, sie kümmerte sich im Grunde nicht einmal ernsthaft um das Jesuskind, das sie gerade noch seitlich auf ihren Knien hielt. Womit also war sie beschäftigt? Mit sich selbst? Mit ihrer Schönheit? Oder war sie eher eine scheue Frau, die zurückhaltend und vorsichtig zur Seite schaute, um sich nicht ganz zu erkennen zu geben?

Meine Großmutter faltete auch im Museum jedes Mal die Hände, sobald sie einen Blick auf das Bild geworfen hatte. Sie faltete die Hände vor der Brust und schaute dann zu Boden, sie betete, aber sie brauchte das Bild nicht anzuschauen, um das zu tun, im Grunde störte das Bild sie sogar beim Beten. Vielleicht erging es der Muttergottes ähnlich, vielleicht betete auch sie, und vielleicht hätte es sie vom Beten abgebracht, wenn sie das Jesuskind oder sogar einen Beter oder Betrachter angeschaut hätte.

Von meinem Großvater wiederum wusste ich, dass er sich nicht so sehr für die Muttergottes und das Kind, sondern vor allem für die Rosenlaube interessierte. Manchmal schmunzelte er, trat näher an das Bild heran und wartete darauf, dass man ihn fragte, ob er sich gerade die Rosenlaube genauer anschaue. Dann nickte er und sagte etwas über die Rosen, meist aber erzählte er auch davon, was er mit dem Rosenspalier in seinem Garten noch so alles vorhabe, je nach Jahreszeit fielen diese Erzählungen anders aus, mal war vom Schnitt, mal vom Hochbinden der Pflanze die Rede, je nachdem.

Mein Vater aber sagte, wenn er Lochners Bild zu Gesicht bekam, meist nur einen einzigen Satz. »Das ist Stefan Lochners Muttergottes in der Rosenlaube«, sagte er, und dann starrte er auf das Bild, als sehe er es zum ersten Mal und müsse uns allen wahrhaftig erklären, um welches Bild es sich handelte.

So standen wir im Halbkreis um Lochners Bild herum, jeder auf andere Weise mit ihm beschäftigt und von ihm geprägt. Für meine Mutter aber war es wohl ein ganz besonderes Bild, denn es war das Bild all ihrer Hoffnungen und all ihrer Ängste. Jedes Mal, wenn sie einen ihrer Söhne während des Krieges und nach dem Krieg verloren hatte, hatte sie vor diesem Bild zu der Muttergottes darum gebetet, dass das Töten und Sterben nun endlich ein Ende haben möge. Vier Mal hatte die Muttergottes sie nicht erhört, vier Söhne hatte meine Mutter verloren, bis die Muttergottes anscheinend zum ersten Mal zugehört und angesichts des Leids meiner Mutter sogar aufgeschaut hatte.

Als ich älter war, hat meine Mutter mir deshalb erzählt, dass die Geburt ihres fünften Kindes (und damit meinte sie natürlich meine Geburt) der Muttergottes in der Rosenlaube zu verdanken sei, denn die Muttergottes habe sich endlich ihrer erbarmt und beim höchsten Gott Fürsprache eingelegt. Seit ich diese Erzählung meiner Mutter gehört hatte, war mir Lochners Muttergottes noch unheimlicher als zuvor, und ich schaute sie während der Sonntagsmahlzeiten im Esszimmer meiner Großeltern nur noch ganz kurz und von der Seite her an.

Statt in das Gesicht der Muttergottes, zu Gott Vater oder zu den Engeln starrte ich auf die große, goldene Brosche, die das dunkelblaue Kleid der

Muttergottes als einziges Schmuckstück so auffällig schmückte. Manchmal aber schaute ich auch auf die vier Engel und dann sehr rasch weiter auf den zugewachsenen, grünen Boden: Erdbeeren, ja Erdbeeren! Solche Erdbeeren würde es nach dem Essen geben, frische Erdbeeren, aus Großvaters Garten!

Der Dom der Kindheit

Noch heute bin ich dankbar dafür, dass ich in einer Stadt mit einem der größten Dome Deutschlands aufgewachsen bin. Fast jeden Sonntag machte ich mich mit meinen Eltern auf den Weg zum festlichen Hochamt, das manchmal sogar von einem Kardinal zelebriert wurde. Hatte ich im Kirchlein meiner Kindheit erfahren, was Meditation ist und wie man sie praktiziert, so lernte ich im Kölner Dom das genaue Sehen und Hören.

Denn während der Gottesdienste war genügend Zeit, sich umzuschauen: die Figuren vor den Pfeilern, die Pfeiler selbst, die Kirchenfenster, die Dekoration des Altars. Dazu aber wurde meist eine sehr festliche, geistliche Musik gespielt. Eine große Orgel begrüßte und verabschiedete einen mit ihrem Jubel, ein Chor sang, und manchmal durfte auch die stillsitzende, ruhige Gemeinde etwas singen.

Im Dom habe ich meine beiden Eltern als Sänger erlebt: meine Mutter mit einem hellen Sopran, meinen Vater mit einem oft dramatisch lauten Bass. Vaters Singen hat mich immer am meisten erstaunt, denn er sang im sonstigen Alltag nie, während meine Mutter oft kleine Chansons mit französischen Texten so vor sich hin summte, als wäre sie für ein paar Minuten irgendwo in einem französischen Traum unterwegs.

Überspitzt könnte ich heute sagen: Im Dom lernte ich die Anfangsgründe einer uralten Ästhetik, nämlich der des »Schönen, Guten und Wahren« – und das genau in dieser Reihenfolge und Kombination. Das Schöne bestand aus Bildern, Plastiken, Farben und viel Musik. Das Gute bestand aus den Empfehlungen des Neuen Testaments für ein richtiges Leben. Und das Wahre bestand aus den Glaubensinhalten selbst und aus all ihren schwer zu ergründenden Geheimnissen.

Alle paar Sonntage in den Dom zu gehen – das war in jenen Kinderjahren eines der Erlebnisse, die mich gewiss am stärksten geprägt haben. Es begann damit, dass wir zu dritt am Rhein entlanggingen, die Eltern zu zweit und ich oft auf dem Roller, ihnen voraus. Schon von weitem waren die mächtigen Domglocken zu hören, ihr schwerer Klang füllte das ganze Rheintal und zog einen wie magisch in die Nähe des hohen, schwarzen Gebirges aus Stein, das auf einer kleinen Anhöhe stand, zu der man über viele Stufen hinauf gelangte.

Ich weiß noch genau, wie sehr ich damals bei jedem Betreten des Kirchenraums erschrak, denn sofort nach Passieren des großen Portals ging der Blick ja hinauf in die schwindelerregenden Höhen, an den Pfeilerbündeln und bunten Kirchenfenstern entlang. Ich blieb stehen und wusste nicht weiter, so wie mir erging es aber den meisten Besuchern, sie blieben stehen und schauten eine Zeit lang in die Höhe, als müssten sie zunächst einmal Maß nehmen und sich auf diese den Körper überwältigenden Größenverhältnisse einstellen.

Hinzu kam eine plötzliche, heftige Kühle, es war, als hauchte einen diese eisige Kühle von den Pfeilern und grauen Steinen her an und als bliesen all diese Steine einem ihren jahrhundertealten, leicht modrigen Atem entgegen. Etwas Säuerliches, Bitteres war in diesem Atem, etwas, das einen zurückschrecken und hilflos werden ließ, man wusste nicht genau, ob man in diesem Bau denn auch willkommen war, so viel Fremdheit und Strenge begegneten einem.

Da war es gut, dass der Vater dabei war, denn mein Vater nahm mich meist an der Hand und ging dann mit mir voraus, wir bahnten uns einen Weg durch das rechte Seitenschiff, wo die Menschenscharen bereits dicht gedrängt standen. Nahe der Vierung warteten wir auf meine Mutter, die sich am liebsten gleich nach dem Betreten des Doms in eine der hinteren, noch leeren Bankreihen gesetzt hätte, das jedoch kam für Vater nicht in Frage, er wollte jedes Mal weit nach vorn, in die Nähe des Hauptaltars, die Weihrauchwolken, die während des Gottesdienstes von dort durch das Kirchenschiff zogen, sollten uns erreichen und einhüllen wie schwere Gewänder.

Erst im rechten Querschiff, ganz in der Nähe der Vierung, knieten wir uns in eine Bank, und mein Blick schoss wieder hinauf in das hohe Gewölbe über dem Hauptaltar, wo es eine winzige, helle Öffnung gab, durch die das Sonnenlicht hineinströmen konnte. Ich glaube nicht, dass jemand sonst diese Öffnung bemerkte, sie war eines der vielen Details, wie sie nur Kindern auffallen, ein winziges, kreisrundes, helles, das Sonnenlicht einatmendes Loch, das Schlupfloch des großen Gottes, der in diesem Dom sein eigentliches Haus und in die kleineren Kirchen seine Stellvertreter, seine Jünger und Heiligen, vor allem aber die Gottesmutter geschickt hatte, damit sie einen vorbereiteten für das Schwierigste, dafür, seine Größe zu ertragen und vor ihm zu bestehen.

Bis der Gottesdienst begann, dauerte es dann meist noch einige Zeit, das machte aber nichts, denn in der Zeit bis zu seinem Beginn hatte ich viel damit zu tun, mir alles in meiner Nähe anzuschauen, die Heiligenfiguren an den hohen Pfeilern, den mächtigen, goldenen Schrein im Chor oder die vielen brennenden Kerzen in der Nähe des Altars mit einem großen Bild der schönen Maria.

Schließlich aber war es so weit, ein feines, helles Glöckchen meldete sich, und dann standen alle rasch, mit einer einzigen entschlossenen Bewegung auf, und die Orgel begann, etwas sehr Lautes zu schmettern, unglaublich laut brauste ihr Klang, als rauschten viele Engel zugleich mit ihren Flügeln und sausten wie im Sturm zwischen den Pfeilern hindurch, hinauf, bis unter das Dach und pfeilschnell an den bunten Fenstern aus Glas vorbei, die ich so gerne betrachtete.

Vom Eingang der Kirche, also von dort, wo jetzt eine unübersehbare Menge von Menschen stand, näherte sich dann die lange Schar der rotweiß gekleideten Ministranten, die kleinen voran, die großen hinterher, dann aber kamen die Priester, viele Priester, und endlich der Erzbischof, ein älterer, die Menschen unablässig segnender Mann mit einem Hirtenstab in der Hand. Die Orgel schmetterte noch eine Weile und trieb die Engelsscharen zu immer schnelleren Flügen an, dann aber brach ihr Klang von einem auf den andern Moment zusammen, und es war sekundenlang still.

Während dieses erschreckend plötzlichen, stillen Moments holte ich meistens tief Luft, die rasenden Engel waren verschwunden, jetzt kam alles ein wenig zur Ruhe, denn jetzt war der Chor dran, nur wenige Stimmen, anfangs kaum hörbare, dann aber immer deutlicher werdende Stimmen. Ich wusste längst, was sie sangen, ohne dass ich den Text verstanden hätte, im Dom wurde in seltsamen Sprachen gesungen und gebetet, Bruchstücke der Gebete hätte ich nachsprechen können, am liebsten aber hätte auch ich mit den anderen gesungen.

Statt meiner sang aber nur der Vater, jedes Mal wartete ich darauf, dass er zu singen begann, denn er sang lauter und kräftiger als alle anderen Gläubigen in unserer Nähe, was mich immer wieder so sehr erstaunte, dass ich ihn jedes Mal einen kurzen Moment lang anschaute. War das wirklich der Vater, der da so laut sang?

Ich schaute genau hin, um mich zu überzeugen, ja, es war der Vater, das aber war jedes Mal schwer zu verstehen, denn der laut singende Mann hatte eine ganz andere Stimme als die, die Vater sonst hatte. Es war eine tiefe, beharrliche Stimme, es war, als träte sie langsam, wie eine ernste Gestalt, aus einem dunklen Raum hervor, denn sie begann leise und vorsichtig, um sich dann von Ton zu Ton immer lauter zu steigern. *Wunderschön prächtige, hohe und mächtige, liebreich holdselige himmlische Frau ...* – so ein Lied für die schöne Maria sang der Vater, nach einem kurzen Anlauf stieg seine Stimme in die Höhe und hörte sich schließlich beinahe an wie eine Fanfare.

Ich wäre über Vaters Stimme nicht weiter verwundert gewesen, wenn er auch sonst, zu einem anderen Anlass, einmal laut und kräftig gesungen hätte, er sang aber sonst niemals irgendein Lied, ja, er summte nicht einmal eine Melodie vor sich hin. Im Dom aber sang er urplötzlich wie ein großer, mächtiger Sänger, der die anderen Gläubigen mit seinem Gesang ansteckte, so dass auch sie sich bald etwas trauten und lauter sangen als gewöhnlich.

Überhaupt war es schön, dass die Menschen während eines Gottesdiensts so viel gemeinsam und meist auch noch dasselbe taten, endlich redeten sie nicht ununterbrochen, sondern nur dann, wenn sie darum gebeten wurden, und endlich bewegten sie sich auch nicht laufend von einer Stelle zur andern, sondern hielten es eine Zeitlang singend und betend auf einem einzigen Platz aus.

Singen und Beten, beides mochte ich sehr, im Stillen sang und betete ich ja mit und stimmte ein in das, was nun alle sangen und beteten, dadurch aber machte ich endlich einmal etwas mit den anderen Menschen zusammen und befand mich nicht mehr im Abseits, nahe einer Laube oder ganz allein mit der Mutter, am Ufer des Flusses.

Im Dom gehörte ich vielmehr dazu, ich gehörte zu all diesen laut singenden und betenden Menschen, niemand fragte mich aus, sprach mich an oder behauptete, dass ich *ein armes Kind* sei, denn im Dom gab es überhaupt keine armen Kinder, sondern nur Gotteskinder, jedenfalls nannte der Erzbischof die Gläubigen so. Ein Gotteskind zu sein, war für mich also die eigentliche Erlösung und einer der schönsten Zustände überhaupt, deshalb bemühte ich mich im Dom auch sehr, alles richtig und so wie die anderen zu machen.

Die einzige Störung des Gottesdiensts, die jedes Mal nur schwer zu ertragen war, war die Predigt. Von Anfang, vom Stürmen der Orgel und den leisen Gesängen des Chores, an, war der Gottesdienst etwas Feierliches, Festliches, wenn aber die Predigt kam, war es für eine Weile aus mit der Feierlichkeit. Die Predigt störte mich nicht deshalb, weil ich nicht alles verstand, sondern vor allem, weil überhaupt so lange geredet und alles erklärt wurde. Musste denn alles, aber auch alles, beredet und umständlich erklärt werden? Selbst der sonst aufrecht und gerade dasitzende Vater sackte während der Predigt immer ein wenig müde und gelangweilt in sich zusammen, während die Mutter das Predigen erst gar nicht aushielt und in einem Gebetbuch zu lesen begann.

Nach der Predigt musste man erst wieder in den Gottesdienst hineinfinden. Eine Weile sangen und beteten alle etwas leiser und gedämpfter, und erst wenn das große *Heilig, heilig, heilig, heilig ist der Herr. Heilig, heilig, heilig, heilig ist nur Er …* gesungen wurde, hatte der Vater seine mächtige Stimme wiedergefunden und sang wieder so laut, dass ich durchatmen konnte.

Solche festlichen, oft bis zu zwei Stunden dauernden Gottesdienste endeten mit dem erzbischöflichen Segen und der lakonischen lateinischen Formel *Ite missa est* (so geht nun hinaus, die Messe ist vorbei). Danach verbeugte man sich noch einmal kurz, und der Organist spielte ein letztes, jubelndes, die Festscharen aus dem gewaltigen Gebäude mit Schwung hinausfegendes Stück. Wie betört flog man ins Freie, auf windiges, unwirtliches Terrain, wo man es nicht lange aushielt.

Die Zeremonie hatte einen verwandelt, vom ersten Musikstück an nahm sie einen gefangen und richtete den Blick aus auf die langsamen Bewegungen der Geistlichen am Hochaltar. So war der Blick für Stunden fixiert, und während man jede Einzelheit genau verfolgte, die sich dort als eine heilige Handlung vollzog, rückte einen die Musik immer näher heran an das Geschehen. Das laute Singen, das deklamierende Beten – sie machten aus dem schmächtigen, unsicheren Kindskörper einen erregten, gebannten Körper für die großen Momente.

Im Dom lernte ich also das eigentliche Sehen und Hören, ein Sehen von schönen Gebärden und kunstvollen Gestalten, ein Hören der reinsten Musik, einer Chormusik ohne Begleitung, oft einstimmig. Sie füllte den Kindskörper aus und machte ihn zu ihrem Widerpart, es war, als gösse der gewaltige Gott diese Musik in einen hinein, damit man allen Kummer und alle Sorgen zumindest für die Dauer des Gottesdiensts vergaß.

Danach aber war Mittag, und zu einem sonntäglichen Mittag gehörte ein Mittagessen in einer der Wirtschaften ganz in der Nähe des Doms. Nur selten habe ich erlebt, dass wir an einem Sonntag zu Hause gegessen haben, eine gewisse Leere fiel einen in solchen Fällen an, etwas Lähmendes, Erstickendes, als wäre man gar nicht zu Hause oder als wäre man geschlagen mit schlechter Laune.

Zum Mittagessen in einer Wirtschaft dagegen nahm man die gute Laune, die einen nach jedem Besuch eines Gottesdiensts beflügelte, einfach mit. Wir saßen zu dritt an einem kleinen, festlich gedeckten Tisch und bestellten jeden Sonntag dasselbe: Rheinischen Sauerbraten oder Saure Nierchen oder Kassler mit Sauerkraut. Mit jedem Bissen nistete sich die Müdigkeit ein wenig mehr in uns ein, doch wir taten, als wären wir hellwach und munter.

Vater erzählte, was er während der Woche bei seinen Fahrten in die nähere Umgebung alles erlebt hatte, und seine beiden stummen Begleiter aßen dazu mit langsamen Bewegungen, in der Vorfreude darauf, dass alles am Nachmittag weiter und weiterging, das Spazierengehen, das Rollerfahren, das gefahrlose und unbefragte Dasein, in Begleitung eines starken Beschützers …

Im Pfarrhaus des Onkels

Der älteste Bruder meiner Mutter studierte katholische Theologie und wurde später Priester und Pfarrer. Er war ein ungemein treuer und liebenswürdiger Mensch, und er lud manchmal Mitglieder der Familie in sein großes Pfarrhaus nach Essen ein. In meinen Schulferien durfte auch ich ihn besuchen, und ich tat das sehr gern, weil ich auf diese Weise Menschen und Dinge ganz aus der Nähe zu sehen bekam, die ich sonst nur von weitem sah.

Ein Messgewand, eine Sakristei, der Raum um und am Altar, die Kanzel, den Tabernakel – all diesen Dingen und Szenen begegnete ich, wenn ich den Onkel in einen Gottesdienst begleitete. Auch sonst konnte ich mich in der Kirche, die direkt neben dem Pfarrhaus stand, frei bewegen und dabei auch in jene Zonen eindringen, die sonst abgesperrt oder verschlossen waren.

Das Interessanteste aber war das Pfarrhaus selbst. Auf jedem Stockwerk befanden sich viele Zimmer, in denen kein einziger Mensch lebte. Im ersten Stock hatte der Onkel sein Büro und sein Schlafzimmer, und im zweiten schlief die Haushälterin. Unten im Parterre waren das Pfarrbüro und die Küche, und daneben gab es noch ein kleines Zimmer für vertrauliche Gespräche. Die anderen Räume aber standen leer und hatten seltsame Namen, als würden sie für seltene Gäste frei gehalten oder als residierten darin unsichtbare Geister.

Eines hieß »Josefszimmer« (wegen einer Statue des heiligen Josef, die sich in diesem Zimmer befand), ein anderes »Glockenzimmer« (weil in diesem Zimmer die Kirchenglocken besonders laut zu hören waren). Ein besonders geheimnisvolles Zimmer hieß »Ehezimmer« – und das deshalb, weil in diesem Zimmer nur Eheleute schlafen sollten. Ein »Kinderzimmer« gab es natürlich auch, und es war genau das Zimmer, in dem ich selbst immer schlief.

Das Pfarrhaus war nicht nur groß, sondern auch alt. Von außen schaute es mit seinem verlassenen Garten und den hohen Mauern ringsum aus wie ein Geister- oder Gespensterhaus. Im gan-

zen Umkreis gab es nichts Vergleichbares, es war »eine eigene Welt«, in deren Mitte ein einziger Mensch lebte, betete und sich um andere Menschen geradezu aufopferungsvoll bemühte und kümmerte.

Ich habe meinen Onkel sehr verehrt. Und manchmal habe ich mich als Kind gefragt, ob der Beruf des Pfarrers nicht der einzig richtige (»schöne, gute und wahre«) wäre.

Vor einer Kirche machten sie endlich halt und gingen hinein. Die kleinen Fenster lagen hoch, es war dunkel, und sie tasteten sich zu einer Bank vor, um sich zu setzen. Allmählich erst gewöhnten sich die Augen an die Dunkelheit und nahmen die Umgebung wahr. Von draußen hörte man das Klatschen des Regens und den heftig zischenden Wind. Fermer streckte sich aus, und Anna öffnete den Mantel, die Haare ordnend. Sie saßen eine Weile still, und ihr Atem beruhigte sich.

Am Altar zündete ein Mann in schwarzer Soutane die Kerzen an; sorgfältig blies er die Flamme des Dochtes, der an einem langen Stock befestigt war, aus. Er blätterte in dem dicken Messbuch, das auf dem Altartisch lag. Vor dem Madonnenbild, das in einer Nische hinter den zahllosen brennenden Kerzen flimmerte, kniete eine Frau und betete leise. Das Blau des Madonnenmantels zitterte vor dem goldenen Hintergrund. Der Weihrauchduft füllte den hohen Raum, und die Wärme beruhigte Fermer, der sich plötzlich an die in Frömmigkeit verbrachten Tage erinnerte und sich freute, endlich von einer Sache länger erzählen zu können, ohne nach Worten suchen zu müssen.

Und während er begann, von den Wochen zu sprechen, die er als Kind im Pfarrhaus des Onkels zugebracht hatte, schien auch Anna wie erlöst zuhören zu können; denn sie legte den Kopf auf seine Schulter und nahm plötzlich seine Hand, als habe sie nur auf diesen ruhigen Moment gewartet.

Das Pfarrhaus war ungewöhnlich groß gewesen; in den weiten Räumen hatte er die Übersicht ebenso verloren wie in dem verwilderten Pfarrgarten, in dem die zahlreichen Birnbäume harte, grüne Früchte getragen hatten, die er ungeduldig viel zu früh vom Baum gepflückt und gegessen hatte. Niemand hatte sich um den Garten gekümmert, und so war Efeu an den Ziegelsteinmauern emporgewachsen, die man so hoch gezogen hatte, um Einbrechern den Zugang zum Grundstück zu verwehren. Auch die Rhododendronsträucher hatten mannshoch gestanden, und entlang der Mauer waren Himbeer- und Brombeer-Hecken, nur schwach gestützt durch ein allmählich verfallendes Holzspalier. Hatte man von einem Fenster aus in den Garten geschaut, so war durch die wild wuchernden Pflanzen der Überblick ganz unmöglich geworden. Nur noch im Sommer war der Onkel, in einem Brevier lesend, ohne aufzuschauen, über die kaum noch erkennbaren schmalen Wege gegangen und auch schon bald wieder im Haus verschwunden, als habe er seine Umgebung nicht bemerkt. Erst im Herbst hatte er den Küster beauftragt, das Laub zusammenzukehren; der hatte die Arbeit leise und sorgfältig verrichtet, die kleinen, von Moos und Gras fast schon überwachsenen Wege vom Laub befreit und die großen Blätterstöße in einer Ecke des Gartens geschichtet. Nur die Rosen waren zugeschnitten worden, sonst hatte man sich nicht weiter um den Wuchs der Pflanzen gekümmert. Regelmäßig aber hatten sich deren Blüten gegen die Missachtung durchgesetzt. Manchmal hatte noch im Winter, wenn die letzten Schneereste auf den Rasenstücken zerschmolzen waren, schon der chinesische Jasmin geblüht, und die alte Haushälterin hatte Fermer zum Küchenfenster gerufen, um ihm die gelben Blütensterne zu zeigen, die sie immer für Forsythien gehalten hatte, bis der Onkel sie belehrte. Oft hatte er bei ihr in der Küche am Fenster gesessen und erzählend in den Garten geschaut, wenn die Wäsche gestopft oder auf dem großen Bügelbrett ausgebreitet worden war. Dann waren die Stunden leicht und ruhig vergangen, während aus den Töpfen schon der Duft des Mittagsmahls stieg und sich im Haus verbreitete. Gleich neben der Küche hatte das kleine Esszimmer gelegen, ein runder Tisch mit nur zwei Stühlen für den Onkel und die Haushälterin, die beinahe sprachlos das Essen zur festgesetzten Stunde eingenommen hatten. War der Duft der Speisen stark genug, so war der Onkel schon früher aus dem Arbeitszimmer herabgekommen und in dem kleinen Raum, ruhig wie immer in seinem Brevier lesend, hin- und hergegangen. Immer hatte die Mahlzeit mit einer kräftigen Suppe begonnen, die in einer großen Terrine hereingetragen worden war, wobei der Onkel fast zugleich ein Lesezeichen vor die aufgeschlagene Seite gesteckt und »Guten Appetit« gewünscht hatte. Nie hatte der Wein zum Essen gefehlt, und selbst er, Fermer, hatte nie auf einem anderen Getränk bestehen dürfen, sondern aus einem winzigen Glas vom Wein kosten müssen.

Auch sonst hatte der Onkel ihm keine besondere Aufmerksamkeit geschenkt, und das war ihm eben recht gewesen. So hatte er sich ruhig in den Räumen umschauen dürfen. In dem mehrstöckigen Haus war die Stille besonders wahrnehmbar gewesen, und in beinahe jedem Raum hatte eine Uhr getickt und die gleichsam sich in die Möbel fressende Stille gemessen. Auf dem Speicher hatte er ein altes Harmonium entdeckt und auch schon zerschlissene Messgewänder, die er sich übergezogen hatte vor dem alten, von einem noch barocken Rahmen eingefassten Spiegel. Auch ein Altarblatt hatte er dort gefunden zwischen den mit Büchern gefüllten Kisten, eine Anbetung von Heiligen, von denen der heilige Sebastian ihn besonders beeindruckt hatte, den nackten Leib wie unter großen

Schmerzen, die die zahllosen Pfeile verursachten, weit zurückgebogen und die Augen zum Himmel aufgerissen, als finde er nur dort noch Trost für sein Leiden.

Durch das aufgesperrte Dachfenster war der Blick auf den Kirchturm gefallen, und manchmal hatte er dazu den Klang der Orgel gehört und sich sofort den hohen Kirchenraum vorstellen können. Er hatte die Bücherkisten ausgepackt, war jedoch immer enttäuscht worden; nie hatte er einen Roman oder eine Erzählung gefunden, sondern meist nur Bücher über religiöse Themen, auch Bibelkommentare in lateinischer Sprache. Der Onkel hatte Erzählungen geradezu misstraut und seine Lektüre aufmerksam beobachtet. Reiseschilderungen hatte er noch zugelassen, ihm aber schon erklärt, in allen Erzählungen und, wie er sagte, »Erfindungen« sei etwas Willkürliches, Unwahres, das gefährlich werden könne. Damals hatte er solche Sätze noch nicht verstanden; erst am Abend war er ihrer Bedeutung näher gewesen, wenn er sich mit einem der mitgebrachten und verbotenen Bücher in sein Bett zurückgezogen und es unter der Decke gelesen hatte. Er hatte in einem mächtigen Doppelbett gelegen, das in dem ungewohnt großen Schlafzimmer wie verlassen unter dem schweren Kreuz gestanden hatte. Manchmal hatten dann in der Dunkelheit die Gestalten und Ereignisse ganz Besitz von ihm ergriffen, und er hatte sich in der großen Stille sehr gefürchtet. Dann erst hatte er die Worte des Onkels zu verstehen geglaubt, war auch manchmal hinaus auf den Flur geschlichen, wo die Galerie der Ölgemälde an den Wänden den angstvollen Zustand nur verstärkt hatte. Aus dem Zimmer des Onkels aber war ein schwacher Lichtschein in die Dunkelheit gefallen, und er hatte die Stimme des Onkels gehört, der die Predigt für den nächsten Tag vorbereitete, und als er einmal nicht den rechten Fluss der Worte fand, laut fluchte, was ihn im stillen Flur so überrascht hatte, dass er wieder näher an das Wirkliche geführt und die Gestalten der Phantasie verdrängt worden waren.

Denn ganz unbegründet war seine Furcht nicht gewesen. An den Abenden waren die hohen Fenster mit Eisenriegeln zugesperrt worden, und auch vor die Kellertüren hatte der Onkel schwere Riegel geschoben, da schon oft eingebrochen worden war. So hatte man am Abend im ganz zugeriegelten Haus gesessen, in das von außen kein Lichtschein mehr gedrungen war. Spät noch hatte der Onkel manchmal Gäste empfangen und sie in ein kleines Zimmer neben der Bibliothek geführt, das er nur das »Sprechzimmer« genannt hatte und in dem außer einem Tisch und einigen Stühlen nichts zu finden gewesen war. Aus der Haft gerade Entlassene waren unter den Gästen gewesen, und der Onkel hatte sich oft lange, bis tief in die Nacht, mit ihnen unterhalten, dass er den ruhigen Fluss des Murmelns noch in seinem Bett hatte hören können. Es sei schwer, von diesen Menschen einen genauen Eindruck zu erhalten, hatte der Onkel einmal in ganz vertraulichem Ton gesagt. Gestern habe er mit einem Mann gesprochen, der seine Frau in einem furchtbaren Anfall von Wut und Gekränktheit umgebracht habe. Solche Hinweise hatten auf ihn, Fermer, immer großen Eindruck gemacht, und auch die Haushälterin hatte bei derartigen Mitteilungen ernst und bedeutsam aufgeschaut und wie zur Abwehr eines bösen Geistes das Kreuz geschlagen. Einmal hatte er bei der Zusammenkunft des Onkels mit einigen Gästen zu lauschen versucht, doch es war nichts zu hören gewesen außer der gleichmäßigen beruhigenden Stimme des Onkels. Tagsüber hatte er nicht gewagt, sich im »Sprechzimmer« aufzuhalten, so verwunschen war ihm der Raum erschienen. Selbst die Zigarettenstummel im Aschenbecher waren ihm merkwürdig vorgekommen, hatte sie doch ein Verbrecher in der Hand halten können. So war seine Bewunderung für den Mut des Onkels immer größer und seine Person ihm geheimnisvoll geworden. Doch mit ihm hatte der Onkel selten in so ernstem Ton gesprochen, war vielmehr fast immer ausgelassen und heiter gewesen, obwohl sich diese Heiterkeit nie ungestört ausgesprochen hatte, weil der Ernst nie zu vergessen war, den im ganzen Haus Bilder, Kreuze und Bücher aufrechterhalten hatten.

Immer hatte er, Fermer, empfunden, dass dieser Ernst von der nahen Kirche bis ins Pfarrhaus hinüberreiche, und oft war es ihm so vorgekommen, als gehöre das Haus zur Kirche wie der mächtige Turm, die Wasserspeier mit den hässlichen Fratzen und die kleine Sakristei, in der sich der Onkel vor dem Gottesdienst umgekleidet hatte.

Oft hatte er ihn als Ministranten zur Frühmesse mitgenommen. Vorher hatten sie zusammen einen starken Kaffee getrunken und waren noch witzelnd und fröhlich in der Sakristei eingetroffen, wo die Stimmung mit den ersten Handgriffen schon bald in Schweigsamkeit und Ernst umgeschlagen war. Aus den alten Eichenschränken waren die Messgewänder geholt worden, und schon ganz still hatte man sich umgekleidet. Der Onkel hatte später beim Blick in das Messbuch lange verweilt und sich beinahe genau zu der Sekunde, in der die alte Turmuhr geschlagen hatte, erhoben. Wie gebückt unter einer Last waren sie in die fast noch leere Kirche gegangen.

Die langen Zeremonien am Altar hatten ihn, Fermer, immer gefangengehalten, das Herbeiholen von Wasser und Wein, das Herumtragen des schweren Messbuches, das nicht ungefährlich gewesen war, weil man leicht einen falschen Schritt auf den zu engen Stufen hatte tun können. Während des Gottesdienstes war er in den stillen Momenten in eine innere Aufmerksamkeit verfallen, die er sonst nie empfunden hatte. Das Selbstgespräch hatte sich so gesteigert, dass er später oft das Empfinden gehabt hatte, sein Inneres sei allmählich wieder in eine alte, schon von Ewigkeit bestehende und durch Unvorsichtigkeiten immer wieder gestörte Ordnung zurückgekommen, durch deren Kraft er sich wieder eine Zeitlang zu leben getraute. Beim Gottesdienst hatte jede Geste ihren Sinn gehabt, und der Ehrgeiz hatte der Befolgung dieser Gesten gegolten, bei denen er als Ministrant nicht zu sehr hatte auffallen dürfen, um die Aufmerksamkeit der Kirchgänger nicht von Wichtigerem abzulenken. Auch er, hatte der Onkel gesagt, dürfe nur bei der Predigt für einen Moment hervortreten, etwas eindringlicher und lauter als sonst seine Person zur Geltung bringen. Dann aber müsse er ganz in den Handlungen verschwinden, und man dürfe nichts mehr wahrnehmen als ihren Zusammenhang. Viele Priester seien einer Eitelkeit erlegen, die das Schlimmste sei; sie werde durch die Schönheit der Messgewänder und das Ritual der Zeremonien nur gefördert.

Das hatte Fermer sich zu Herzen genommen und das Weihrauchfass nur mäßig hin- und herbewegt, im stillen Warten, dass sich die Zeremonie ihm zuwenden würde, er an der rasselnden

Kette den Deckel hochziehen konnte und der Onkel die sich sofort entzündenden und glimmenden Weihrauchkörner in die runden, leicht ausgehöhlten Kohleplättchen gestreut hatte.

In der morgendlichen Dunkelheit der Kirche war das Leben draußen so fern und hatte die in den Gebeten sich fassende, liebevoll kultivierte Einsamkeit eine Zufriedenheit gefunden, die sonst nur schwer zu erreichen gewesen war. Die kindlichen Sorgen und Leiden hatten so fast immer einen Trost gefunden, und er hatte sich nach diesen Gottesdiensten sicherer gefühlt; fröhlich hatte er auch mit dem Onkel die Kirche verlassen, und noch ausgelassener war es am gedeckten Frühstückstisch hergegangen, wo der Onkel die Eier mit einem »requiescat in pace« geköpft hatte.

Nie aber hatte man auch in solchen Situationen ganz den Ernst vergessen können, der jene Lustigkeit erst möglich gemacht. Auch bei den Spaziergängen mit dem Onkel war es ihm immer so vorgekommen, als verschweige ihm dieser die wichtigere Hälfte seines Lebens. Wie sich das Pfarrhaus in den Nächten in eine unheimliche Stille zurückgezogen, so hatte auch der Onkel die

Ruhe des Sich-Zurückziehens kultiviert, und es war nur an den Festtagen lauter hergegangen, als habe man erst jetzt einen Grund gefunden, fröhlich zu sein.

Mit Geschenken und Glückwünschen waren die Nachbarn gekommen, und die Mahlzeiten waren im großen Speisezimmer eingenommen worden, das sonst das ganze Jahr leer stand. Im Arbeitszimmer des Onkels hatten die Männer später beim Wein gesessen und mit den dicken Zigarren gequalmt, die der Onkel aus den schweren Schränken geholt hatte.

Aber auch diese Fröhlichkeit war wieder wie ein Spuk verschwunden, und gerade an diesen lauten Tagen war der Onkel am Abend besonders früh ins Bett gegangen und hatte ihn und die Haushälterin allein in der Küche zurückgelassen, wo sie von den Gästen erzählt hatten. –

Der Mann am Altar war noch immer beschäftigt, die Blumen zu ordnen. Eine Frau, die zuvor lange vor dem wie in flimmerndes Gold getauchten Madonnenbild gekniet hatte, verschwand hinter einem Vorhang im Beichtstuhl, in dem der Priester sofort das Licht ausschaltete. Sie hörten das leise Murmeln des Gespräches und blieben eine Weile still. Anna schaute grinsend zu ihm auf. So bedächtig und verhalten, wie du es eben geschildert hast, bewegst du dich heute noch, sagte sie; nur die Weihrauchwolken sind verflogen, aber der Ernst ist doch übriggeblieben, und den wirst du wahrscheinlich lange nicht loswerden. Fermer schaute sie kurz an, und sie lachte leise.

Die Kirchentür öffnete sich, zwei alte, dunkel gekleidete Frauen mit schwarzen Kopftüchern kamen herein und blieben dann, leise flüsternd, im Seitenschiff vor dem Madonnenbild stehen; aus den Handtaschen holten sie Kerzen, die sie vor dem Bild entzündeten und auf den von Wachs ganz überwucherten Haltern feststeckten. Eine schlug mehrmals das Kreuz, und sie knieten sich beinahe zugleich auf die kleine hölzerne Bank.

Sicher, meinte Fermer, sind es Lichtmesskerzen; das Fest liegt ja erst wenige Tage zurück. In der Kindheit gehörte es zu den besonderen Feiertagen. In einer langen Prozession zog man mit den geweihten Kerzen in der Hand durch die Kirche, und das Licht, das nahe dem Kopf flackerte, trug in die Dunkelheit der Kirche die erste Helligkeit. Da habe ich damals etwas vom nahenden Frühling geahnt und bin unter den tief hängenden Wolken nicht mehr ganz so mutlos nach Hause geschlichen wie zuvor. Der Onkel hat einmal erzählt, dass viele die geweihten Kerzen mit nach Hause nehmen und an besonderen Plätzen aufstellen. Bei Unwettern und Gefahren sind sie angezündet worden, und der Onkel hat einen Bauern gekannt, der zu Lichtmess noch mit den brennenden Kerzen durch den Stall gegangen ist, um die Tiere vor Krankheiten und Dämonen zu schützen.

Am Lichtmesstag habe ich das sichere Gefühl gehabt, der Winter gehe dem Ende zu; im Pfarrhaus ist ein Kuchen gebacken und an die Gäste verteilt worden. Manche Bauern hatten den Knechten für einen Tag Urlaub gegeben, den sie aber meist nur trinkend in den engen und dunklen Gaststuben verbracht haben.

An solchen Tagen hat das Leben beinahe einen Stoß bekommen; unmerklich erregter bin ich gewesen als zuvor. Häufiger bin ich aus dem Haus gegangen; man hat auch mit den Arbeiten im

Freien begonnen. Lachend hat mir der Onkel erzählt, dass die Gewalt des Winters gebrochen werden müsse; die Geister des Winters müssten aus den Wohnungen vertrieben werden, mit Lärm und Getöse. Bei den Großeltern seien zu dieser Zeit die Spinnstuben gestürmt worden. Man habe die Monotonie des Spinnens, die zum langen Winter gehöre und von den Erzählungen der spinnenden Mädchen überbrückt worden sei, vergessen, und beim Treiben des brennenden Rades den Berg hinunter sei das Licht in das noch winterliche Leben geschlagen worden. Auf den nahen Bergen seien Leuchtfeuer abgebrannt und im Haus der Großeltern wie ferne Freudenfeuer zu sehen gewesen. – Der Mann hatte sich endlich vom Altar gelöst und war zu den betenden Frauen hinübergegangen, mit denen er sich leise unterhielt. Sie steckten die Köpfe zusammen und blickten nach einer Weile still zum Marienbild, als sei in ihm etwas zu finden, nach dem sich zu suchen lohne. Im Beichtstuhl war der Vorhang zur Seite geschoben worden; die Frau war herausgekommen, hatte sich sofort in eine Bank gekniet und die Hände vor den Augen verschränkt.

Es war jetzt sehr still und nur der schwere Regen wie ein nicht enden wollender Donner zu hören.

Der unerschütterliche Glaube

In meinem heutigen Alter (ich bin jetzt immerhin vierundsechzig Jahre alt) verstehe ich noch immer nicht, wie es meinen Eltern gelungen ist, den Tod von vier Kindern vor meiner Geburt zu überleben. Ich kann mir ein Leben nach einer solchen Kette von furchtbaren Ereignissen gar nicht vorstellen.

Davon, was nach diesen relativ rasch aufeinander folgenden Todesfällen mit ihnen geschehen war, haben mir meine Eltern nichts erzählt. Ich weiß davon vielmehr (ein wenig) durch eine Erzählung meines Pfarrer-Onkels in Essen.

Ihr erstes Kind hatten meine Eltern, bei einem der ersten Bombenangriffe auf Berlin (wo sie damals lebten), verloren. Das zweite starb (im Alter von drei Jahren) kurz vor Kriegsende auf einem einsam gelegenen Hof durch eine Granate, die deutsche Soldaten auf das bereits von Amerikanern besetzte

Gelände abgefeuert hatten. Zwei weitere Kinder starben nach Kriegsende, in den späten vierziger Jahren.

Meine Mutter hat darüber (für einige Zeit) die Sprache verloren. Mein Vater aber hat während der Beerdigung meines vierten Bruders etwas ganz und gar Unglaubliches getan. Als ich davon durch meinen Onkel erfuhr, fand ich das Gehörte beinahe unfassbar. Auch heute noch wird mir heiß und kalt, wenn ich mir dieses Geschehen am Grab vergegenwärtige. Als ich es aufschrieb, musste ich immer wieder stocken und anhalten, um zumindest kurz an etwas anderes zu denken.

Keine andere Stelle in einem meiner Bücher zeigt derart stark, inwiefern der Glaube für meine Eltern (und dann eben auch für mich) das wichtigste Fundament ihres Lebens war. Ohne diesen Glauben hätten sie nicht überlebt.

Nach dem Tod Deines zweiten Bruders hat Deine Mutter noch gesprochen, jedoch nicht mehr viel, nur noch das Nötigste. Sie nahm aber am Leben um sie herum immer weniger teil, denn sie war von der Trauer derart überwältigt, dass sie nichts mehr interessierte. Ich habe ihr damals zu helfen versucht, sagte mein Onkel, ich habe viele Gespräche mit ihr geführt, aber wir drehten uns bei all diesen Gesprächen im Kreis. Deine Mutter konnte nicht verstehen, warum sie zum zweiten Mal ein so hartes Schicksal getroffen hatte, sie gab sich sogar selbst die Schuld, als wäre ihre besondere Vorsicht der Grund für den Tod deines Bruders gewesen. Diese Vorsicht hatte sie das einsame Hofgut aufsuchen lassen, dort hatte sie sich sicher geglaubt, gerade dieser entlegene Ort hatte sich dann aber als der unsicherste der Gegend erwiesen.

Wenige Monate nach Kriegsende hatten meine Mutter und mein schwerverletzt aus dem Krieg heimgekehrter Vater dann jene Wohnung in Köln bezogen, in der ich aufgewachsen war. Auch von der Inbesitznahme dieser Wohnung gab es keine Fotos, wohl aber einige wenige Aufnahmen von meinem Vater, der mit Hut und im Mantel vor der Haustür stand, als hätte er dort Posten bezogen und müsste jetzt tagelang unbeweglich an genau dieser Stelle stehen und ausharren. Wir hatten uns von dem Umzug nach Köln viel versprochen, sagte mein Onkel, doch dann wurde alles noch schlimmer. Deine Mutter bewegte sich nicht mehr aus dem Haus, sie wurde stumm, und wir alle wussten nicht, was dagegen zu tun war. Auf keine mögliche Ablenkung ließ sie sich ein, sie hörte keine Musik, sie las nicht, ihre einzigen Wege führten sie in die Kirche, wo sie sich dann lange Zeit in der Nähe des Marienbildes aufhielt. Später hat dein Vater einmal gesagt, der Anblick dieses Bildes habe ihr die Kraft gegeben, weiter am Leben zu bleiben, wir können heute nicht wissen, ob das so war, was wir aber wissen, ist, dass diese stumm und leblos gewordene Frau dann noch zweimal versucht hat, ein Kind zu bekommen. Jedes dieser beiden Kinder aber wurde tot geboren, und das war so furchtbar, dass ich selbst kurz davor war, den Beruf des Pfarrers aufzugeben. Ja, Johannes, so war es wirklich, ich habe mit Gott gehadert und mich am hellen Tag allein und verzweifelt in meinen dunklen Beichtstuhl gesetzt, um Gott anzuklagen, dass er etwas derart Furchtbares zuließ.

Ich habe bisher noch wenig von deinem Vater gesprochen, sagte mein Onkel später, ich muss jetzt aber unbedingt auf ihn zu sprechen kommen. Ohne ihn hätte deine Mutter nicht weitergelebt, ohne ihn nicht! Und damit du genau verstehst, was für ein Mann er damals war, erzähle ich dir von der Beerdigung deines vierten Bruders, an der deine Mutter natürlich nicht mehr teilnehmen konnte. Niemand von uns Verwandten konnte eigentlich noch an einer solchen Beerdigung teilnehmen, selbst mir war es in diesem Fall nicht mehr möglich, meine priesterlichen Pflichten zu erfüllen. Deshalb hatten wir den Pfarrer unseres Dorfes gebeten, diese schwere Aufgabe zu übernehmen, der Mann gab sich die größte Mühe, stoisch zu bleiben, aber auch ihm kamen am offenen Grab vor der versammelten Trauergemeinde dann die Tränen, so dass er nicht weitersprechen konnte. Stell es dir vor, stell dir vor, dass die Zeremonie stockte und keiner noch ein Wort sprechen konnte! Es war ein furchtbarer, allen Schmerz übersteigender Moment, aus dem niemand noch einen Ausweg wusste. In diesem Moment aber trat dein Vater ans Grab, schnäuzte sich kurz, atmete zwei-, dreimal tief durch und betete dann mit fester Stimme: »Der Herr ist mein Hirte, mir wird nichts mangeln, auf grünen Auen lässt Er mich lagern; an Wasser mit Ruheplätzen führt Er mich, Labsal spendet Er mir. Er leitet mich auf rechter Bahn um Seines Namens willen. Auch wenn ich wandern muss in finsterer Schlucht, ich fürchte doch kein Unheil, denn Du bist bei mir, Dein Hirtenstab und Stock, sie sind mein Trost …«

Es war ein schlimmer Moment, als mein Onkel mir von diesem Gebet meines Vaters erzählte, denn plötzlich sah ich ihn vor mir, wie er sich während meiner ganzen Kindheit um meine Mutter und mich gekümmert hatte, wie er später mit mir aufs Land gezogen war, wie wir zusammen in der freien Natur unterwegs gewesen waren und wie er in jedem Moment darauf vertraut und gehofft hatte, dass ich irgendwann wieder sprechen würde …

Was hatten meine Eltern bloß für ein Leben geführt! Konnte man sich überhaupt noch schrecklichere Jahre denken als die, die sie vor meiner

Geburt zusammen erlebt hatten? Und wie war es meinem Vater nach dem Tod von vier Söhnen noch möglich gewesen, derartige Gebete zu sprechen? Ich unterhielt mich mit meinem Onkel darüber, und er antwortete, dass mein Vater einen tiefen, unerschütterlichen Glauben habe, einen Glauben, der durch kein irdisches Geschehen auch nur einen Deut ins Wanken geraten könne. Der Festigkeit dieses Glaubens hätten wir zu verdanken, dass meine Mutter am Leben geblieben sei, ja, auch mein eigenes Leben hätte ich wohl nur diesem starken Glauben zu verdanken.

Der aufwühlende Glaube

Sehr selten kam es in meinen Kinderjahren zu Augenblicken, in denen ich genau spüren und wahrnehmen konnte, dass meine Eltern sich plötzlich an ein leidvolles Detail ihres früheren Lebens erinnerten. Meist waren solche Momente mit einer starken Erschütterung und einem längeren Innehalten verbunden, und fast immer empfand ich selbst in solchen Situationen eine große Hilflosigkeit. Was sollte ich tun, um ihnen zu helfen? Konnte ich sie irgendwie trösten? Was hatte ich, der ich viel zu wenig über die Vergangenheit wusste, schon zu sagen oder zu tun?

Im Frühjahr 1964 begleitete ich meinen Vater nach Berlin. Es war die erste Reise, die er nach dem Krieg noch einmal in jene Stadt unternahm, in der er mit meiner Mutter von 1939 bis 1945 gelebt und den Zweiten Weltkrieg erlebt hatte. Fast zwanzig

Jahre nach Kriegsende wollte er mir die Wohnung und die Umgebungen zeigen, in denen meine Eltern direkt nach ihrer Hochzeit gelebt hatten.

Während dieser Reise habe ich mir viele Notizen gemacht und sie später zu einer Art Reisebericht ausgearbeitet. Eine Station auf dieser Erinnerungsfahrt führte dabei auch in die kleine Annenkirche in Berlin-Lichterfelde. In den Kriegsjahren war sie die Pfarrkirche meiner Eltern gewesen.

Im Frühjahr 1964 gingen mein Vater und ich an einem Sonntag erneut in genau diese Kirche, um dort an einem Gottesdienst teilzunehmen. Niemand von uns beiden konnte ahnen, was dann passieren würde. Denn plötzlich, von einem Moment auf den andern, geschah es: Die Erinnerung an die lange zurückliegenden Jahre und die schrecklichen Ereignisse, die zum Tod meiner Brüder geführt hatten, brach sich Bahn und holte meinen Vater ein.

Wir kamen dann zu der Kirche, die Annenkirche heißt, und wir gingen hinein und setzten uns in eine Bank ziemlich weit hinten. Die Kirche war schon gut gefüllt, obwohl noch etwas Zeit bis zum

Beginn des Gottesdienstes war. Es war eine einfache, sehr schlichte Kirche mit zwei Seitenschiffen und vielen Rundbögen, und Papa flüsterte mir zu, dass es früher an den Bänken kleine Schildchen mit den Namen der Kirchgänger gegeben habe, so dass man in jedem Gottesdienst an seinem Stammplatz gesessen habe. Dann aber begann der Gottesdienst, und die Kirche war voll, und Papa begann gleich, ziemlich laut mitzusingen, so wie er es ja auch in Köln immer in den Gottesdiensten tut.

Es wurde sehr viel gesungen, und es gab auch eine Predigt, aber ich konnte nicht gut zuhören, weil ich an die beiden Koffer denken musste. Seit gestern Mittag gingen mir die Koffer überhaupt nicht mehr aus dem Kopf, ich hatte die vielen Sachen, die darin waren, laufend vor Augen, und ich hatte während des Frühstücks Paul und Hanna von diesen Sachen erzählt, so dass sie gestaunt hatten, wie genau ich sie mir angeschaut und wie viele Details ich mir gemerkt hatte. Während des Gottesdienstes versuchte ich, das alles zu vergessen und nicht mehr daran zu denken, es ging aber nicht, ich erinnerte mich ununterbrochen daran, wie ich die Sachen ausgepackt und mit ihnen den Tisch geschmückt hatte.

Der Gottesdienst war fast vorbei, und der Pfarrer hatte den Gläubigen bereits den Segen gespendet. Alle standen dicht nebeneinander und begannen, das Abschiedslied zu singen, und Papa fing auch wieder an, sehr laut zu singen. Das Abschiedslied aber war »Wer nur den lieben Gott lässt walten und hoffet auf ihn allezeit, den wird er wunderbar erhalten in aller Not und Traurigkeit«. Das alles hat Papa noch ziemlich laut mitgesungen, dann aber wurde er leiser und leiser, und ich bemerkte sofort, dass es Papa nicht gut ging. Ich sah, dass er mit beiden Händen nach der Bank vor uns griff und sich festhielt, und ich bekam eine ganz furchtbare Angst. Dann aber kam die Strophe »Was helfen uns die schweren Sorgen, was hilft uns unser Weh und Ach?«, und dann sangen alle »Wir machen unser Kreuz und Leid nur größer durch die Traurigkeit«. Bei diesen Worten hat Papa ein wenig zu zittern begonnen, und dann hat er sein großes, weißes Taschentuch aus der Tasche geholt und sich (ziemlich laut) geschnäuzt. Da wusste ich, dass Papa nun sehr nahe daran war, zu weinen, und mir wurde sehr kalt, und ich bekam immer mehr Angst. Papa aber nahm mich an der Hand, und dann ging er mit mir aus der Kirche, und wir gingen zusammen die Straße entlang, und Papa tat so, als hätte er Schnupfen und müsse sich nur ein paar Mal kräftig die Nase putzen. Ich schaute nicht zu ihm hin, weil ich nicht sehen wollte, dass er weinte, und ich redete mir auch ein, dass er das jetzt nicht tat. Wir haben beide nichts geredet, sondern sind immer weiter gegangen, und ich merkte, dass wir nur einfach so durch die Gegend liefen, damit wir uns beruhigten.

Wir gingen also durch die Gegend ohne Ziel (»ohne Ziel und Verstand« sagt Papa, wenn er sich über jemanden lustig macht), und wir redeten beide weiter kein Wort. Papa schnäuzte sich noch zwei-, dreimal, und ich schaute nicht hin. Dann aber standen wir plötzlich wieder vor unserer Pension, und Papa sagte: »Ich habe noch etwas vergessen.« Im Flur der Pension stand Hanna, und sie schaute Papa an und sagte: »Josef, mein Gott, was ist denn passiert?« Da antwortete Papa, er habe noch etwas vergessen, und Hanna sagte: »Du hast was vergessen?« Wir wussten aber alle, dass Papa nichts vergessen hatte, sondern nur so tat, als hätte er etwas vergessen. Und er ging dann nach oben und verschwand im Bad, und ich hörte, dass er sich das Gesicht mit kaltem Wasser abwusch (ich kann so etwas hören, und ich kann es sogar sehen, Papa wäscht sich oft mit kaltem Wasser durch das Gesicht, nicht nur morgens und abends). Da fragte Hanna mich, was denn passiert sei, und da antwortete ich, Papa sei es nicht gut gegangen, als die Gläubigen in der Kirche das Lied »Wer nur den lieben Gott lässt walten« gesungen hätten. Da sagte Hanna: »Sie haben dieses Lied gesungen, ausgerechnet dieses Lied?« Und ich sagte nur noch: »Ja.« Und da fragte Hanna: »Weißt du, wie das Lied aufhört?« Und ich überlegte kurz und sagte: »Sing, bet und geh auf Gottes Wegen, verricht das Deine nur getreu …« – und Hanna nickte und machte weiter: »und trau des Himmels reichem Segen, so wird er bei dir werden neu.« Es fehlte aber noch der Schluß, und deshalb sagte ich auch noch den

Schluss: »Denn welcher seine Zuversicht auf Gott setzt, den verlässt er nicht.«

Papa kam dann auch wieder zu uns herunter, und Hanna sagte: »Warum mussten sie denn auch ausgerechnet dieses Lied singen?« Ich glaube, Papa wusste genau, was sie meinte, aber er sagte: »Welches Lied?« Aber Hanna sagte nichts mehr, sondern nur, dass Papa jetzt sofort einen Cognac trinken solle. Ich dachte, dass Papa so etwas nicht tun würde, doch er sagte »ja, dann gib mir mal einen Cognac«, und Hanna holte die Cognacflasche, und Papa trank sogar zwei Cognac, langsam, direkt nacheinander und ohne noch etwas zu sagen.

Der ermunternde Glaube

Eine andere Kinderreise führte mich im Sommer 1963 zusammen mit meinem Vater an die Mosel. Wir wanderten den schönen Fluss von Koblenz bis Trier entlang, und auch auf dieser Reise machte ich mir Notizen und gestaltete sie später zu einem Reisebericht um, den ich dann meinem Vater schenkte.

Auf der Moselreise kamen wir auch in den kleinen Ort Karden, wo wir eine Kirche aufsuchten, die dem heiligen Kastor geweiht war. Ein solcher Kirchenbesuch war typisch für das Unterwegssein in meiner Kindheit (und hatte Folgen für mein späteres Leben, in dem ich unzählige Kirchen in genau dieser Weise aufsuchte und mich lange in ihnen aufhielt). Nach Betreten eines Gotteshauses sagte mein Vater nämlich häufig, dass es darum gehe, die jeweilige Kirche »zu ergründen«. Das »Ergründen« dauerte seine Zeit, und es bestand darin, dass wir uns alle nur sichtbaren Details der Kirche (ihren Aufbau, ihre Figuren, ihre Gemälde, einfach alles) sehr genau anschauten.

Das geschah mit Hilfe eines kleinen Fernglases und meist auch mit der Hilfe eines Kirchenführers. Wir lasen uns die Texte vor, und wir blickten durch das Fernglas, um jede Einzelheit aus der größtmöglichen Nähe zu sehen. Das Ganze war wie ein geduldiges Studium, durch das wir genauer zu begreifen versuchten, warum es in der jeweiligen Kirche bestimmte Details oder Besonderheiten gab und in welcher Beziehung sie zur Umgebung standen.

Wenn wir das taten, widmeten wir uns den schönen »Facetten« des Glaubens. Wir erfuhren von Heiligen, von denen wir noch nie gehört oder gelesen hatten, und wir dachten darüber nach, warum diese Heiligen in den jeweiligen Orten verehrt wurden. Der Glaube erschien uns also einerseits in seiner regionalen Ausprägung, andererseits aber auch als ein weltumspannendes Netz, in dem die regionale Besonderheit nur eine Erzählung oder Geschichte unter Tausenden von anderen Geschichten war.

Heute erscheint es mir seltsam, doch es stimmt (nach wie vor): Ein solcher Kirchenbesuch machte (und macht noch immer) »froh«. Für einige Zeit war man in der Fremde zu Hause und fügte den vielen Fundstücken und Schätzen des Glaubens ein weiteres Fundstück hinzu. Man war »fündig« geworden und hatte einen weiteren kleinen Schatz gehoben. Und genau von dieser Erfahrung ging eine geheime Kraft aus, die einen dann beinahe beschwingt und ermuntert weitergehen ließ.

Wir sind dann in Karden ausgestiegen und haben uns von Karden nach Cochem zu Fuß auf den Weg gemacht. Bevor wir jedoch losgingen, haben wir uns in Karden noch eine große Kirche angesehen. Die Kirche heißt Sankt-Castor-Kirche, und es ist wirklich eine sehr schöne Kirche mit vielen Besonderheiten und Heiligtümern darin. Papa sagte, dass auf den Hügeln um Karden herum vor Jahrtausenden einmal der Stamm der Kelten gewohnt und dort die ersten Heiligtümer errichtet habe. Danach seien die Römer an die Mosel gekommen und hätten ihre eigenen Heiligtümer neben denen der Kelten aufgestellt. Die Römer hätten dann auch bereits überall an der Mosel Wein angebaut, so dass der römische Schriftsteller Ausonius, den ich ja bereits von seinen Fisch-Erzählungen her kennen würde, das Moselland als großes Weinland beschrieben habe. Zur Zeit des Ausonius sei das Moselland dann aber auch christlich geworden, und der heilige Castor sei einer der ersten Missionare gewesen, der das Christentum an die Mosel gebracht habe. Zusammen mit seinen Freunden habe er in Karden ein christliches Zentrum gegründet.

Papa hat mir dann den kleinen Sarg gezeigt, in dem die Knochen des heiligen Castor liegen. Der Sarg war aus Holz mit etwas Gold, und er stand in einer dunklen Nische, in der lauter Kerzenlichter brannten. Ich habe dann auch ein Kerzenlicht entzündet, und ich habe beim Beten an Mama gedacht und dafür gebetet, dass sie gesund bleibt und dass es ihr weiter gut geht. Außerdem aber habe ich auch noch dafür gebetet, dass unsere Reise entlang der Mosel gut zu Ende geht und uns nichts passiert.

Der Sarg des heiligen Castor
Der Sarg des heiligen Castor ist sehr klein. Er wird Schrein genannt. In dem Schrein liegen die Überbleibsel des heiligen Castor. Außen auf dem Schrein sind viele Figuren: Jesus, Maria, Petrus, die zwölf Apostel und der heilige Castor selbst.

Wir haben uns dann noch einen Altar mit Maria und dem Jesuskind und den Heiligen Drei Königen angesehen, und dann haben wir uns auch noch ein großes Bild angesehen, auf dem der Herr Jesus am Kreuz hing. Unter ihm standen einige Heilige, aus dem Kreuz aber wuchsen nach beiden Seiten viele Reben mit Blättern daran. In den Reben standen oder saßen wiederum einige Heilige, so dass das Kreuz aussah wie ein Weinstock.

Papa hatte sich in der Kirche einen kleinen Führer gekauft, und mit dem Führer in der Hand ging er dann die ganze Kirche ab. Ich hatte nicht so richtige Lust, mit ihm die ganze Kirche abzugehen, deshalb fragte ich Papa, ob ich nach draußen auf den Platz vor der Kirche gehen und dort etwas spielen dürfe. Papa sagte »ja, mach das!«, und ich ging dann nach draußen und dribbelte ein wenig auf dem Platz vor der Kirche herum.

Dribbeln
Papa und ich – wir mögen beide das Dribbeln und die Dribbler. Als wir uns neulich ein Spiel des FC angeschaut haben, hat Papa immer wieder vom Dribbeln gesprochen. »Das Dribbeln ist doch das Schwerste und Schönste am Fußball«, hat Papa gesagt. Und nach dem Spiel hat er ganz kurz gedribbelt, mit einer Blechbüchse.

Es dauerte ziemlich lange, bis Papa wieder aus der Kirche herauskam, denn es ist so, dass Papa sich die Heiligtümer in den Kirchen und all die anderen Sachen, die noch in einer Kirche sind, meist sehr genau und lange anschaut. Viele Sachen schaut er sich mit dem Fernglas an, und einige Sachen zeichnet er dann sogar. Ich würde sehr gerne so gut zeichnen können wie Papa, furchtbar gerne würde ich so etwas können, aber ich kann es leider überhaupt nicht. Nicht einmal irgendein Tier kann ich richtig zeichnen, keinen Hund, keine Katze, ich kann es einfach nicht. Als ich Papa einmal gefragt habe, warum ich nicht zeichnen kann, hat er gesagt, ich solle mir deshalb keine Sorgen machen, das sei nun einmal so, manche Menschen könnten eben zeichnen und andere nicht, dafür hätte ich ja andere Gaben und Fähigkeiten. Ich glaube, dass Papa mit den Gaben und anderen Fähigkeiten, die ich habe, mein Gedächtnis und vielleicht auch das Schreiben meint, Papa hat jedenfalls einmal gesagt, dass ich sehr gut schreiben und erzählen könne und dass nicht einmal er selbst manche Dinge so gut beschreiben könne wie ich. Daneben hat Papa natürlich auch mein Klavierspielen gemeint, obwohl er davon nichts gesagt hat, Klavierspielen kann ich jedenfalls auch schon einigermaßen gut.

Der kindliche Glaube

Mein kindlicher Glaube entwickelte sich Schritt für Schritt, begleitet von vielen Büchern. Zuerst gab es die Gebete und Lieder, dann auch Erzählungen vom Leben der Heiligen oder anderer großer Glaubensgestalten (sehr stark war ich von bestimmten Päpsten fasziniert, deren Leben in Rom ich mir oft ausmalte).

Später las ich dann auch theologische Texte, deren verwickelte und etwas spitzfindige Themen mich interessierten. Im Grunde war der Glaube doch etwas ganz Einfaches – gerade deshalb aber erstaunte mich, wie viele ausführliche Gedanken man sich über manche Themen (Jungfrauengeburt, Zölibat, Leben der Seele nach dem Tod etc.) machen konnte. Wenn ich mir selbst einige Sätze aus solchen Texten notierte, argumentierte ich gegen sie an, als wäre es ganz leicht, diese angeblichen Probleme zu lösen oder ganz verschwinden zu lassen.

Meine Eltern haben sich nie mit solchen Themen beschäftigt. Sie fanden, dass es genüge, täglich zu beten und einmal in der Woche den Gottesdienst aufzusuchen. Was man zu glauben hatte und was nicht – das wussten sie seit den Kindertagen. Während des weiteren Lebens kam nicht viel Neues hinzu. Vielmehr bestand der richtige Glaube darin, den Kindheitsglauben immer von neuem aufzufrischen und ihn am Leben zu erhalten.

Vor allem mein Vater war der Meinung, man dürfe den »Kindheitsglauben« nicht verlieren. Ein fester, stabiler Glaube gründe immer in der Kindheit, weshalb man eigentlich ein Stück Kindheit mit sich herumtrage, wenn man mit fortschreitendem Alter weiter glaube. Beginne man aber den Glauben zu zerlegen, sei man schon auf halbem Weg, seine besondere Kraft zu verlieren. Der Glaube habe etwas Naives, Beharrliches, Trotziges… – mit der »Vernunft« habe er nicht viel zu tun. Wer frage, wie es Jesus geschafft habe, über das Wasser zu gehen, dem antworte ein Glaubender, dass er das auch nicht wisse, wohl aber ganz sicher sei, d a s s Jesus es geschafft habe.

Als ich dann Ministrant wurde, brach die hohe

Zeit meines Kinderglaubens an. Seither fühlte ich mich wie ein kleiner Priester, der die Gottesdienste mitgestaltete. Ich lernte das langsame, feierliche Gehen und Schreiten, und ich war begeistert davon, ein Weihrauchfass schwenken und eine Kirche mit den Weihrauchwolken einnebeln zu dürfen.

Einmal in der Woche gehe ich mit der Mama in den Frühgottesdienst. Und sonntags gehen wir meist zu dritt in den Dom. Ich gehe gern in die Kirche, weil mich der Glaube beschäftigt. Es gibt den Glauben an Gottvater, Jesus, Maria und Josef, und darüber hinaus gibt es noch den Glauben, der mit dem Leben der Heiligen und Märtyrer zu tun hat. Dieser Glaube besteht aus vielen Erzählungen und Geschichten, von denen ich einige gelesen habe. Ich habe sie aus der Leihbücherei ausgeliehen, in der Mama vormittags arbeitet. Sie liegt direkt neben der Kirche und besteht aus einem großen, lang gestreckten Raum mit hellem Licht und sehr vielen Regalen.

Ich mag es sehr, an diesen Regalen vorbeizugehen, und ich entdecke durch Zufall lauter interessante Bücher, die ich dann ausleihe. In Buchhandlungen geht man viel zögerlicher an Regalen vorbei, weil jedes Buch etwas kosten würde und man deshalb nicht viele Bücher mitnehmen kann. Man muss genau überlegen, welches Buch man wichtig findet und deshalb kaufen will. Aus der Leihbücherei darf ich jedoch auf einen Schlag bis zu zehn Bücher ausleihen, die ich mir zu Hause genauer anschauen kann. Gefallen sie mir nicht, gebe ich sie einfach rasch wieder zurück, während ich das einmal gekaufte Buch leider nicht zurückgeben kann. Papa hat vorgeschlagen, dass wir nur Bücher kaufen, die wir dauerhaft brauchen und oft in die Hand nehmen. Die anderen Bücher aber sollten wir ausleihen und nur dann kaufen, wenn es ganz besondere Bücher seien, die uns bei der Lektüre sehr gut gefallen.

In jedes gekaufte Buch schreibe ich ganz vorne hinein, wann und wo ich es gekauft habe. Wenn ich es lese, schreibe ich einige Eindrücke (oder auch Zitate) auf einen weißen Karton in der

Größe einer normalen Karteikarte (das ist etwa die Größe eines Briefkuverts). Dieser Karton bleibt dann im Buch und zeigt mir bei späterem Nachschauen, wann ich das Buch gelesen und was ich während der Lektüre bemerkt und gedacht habe. Daneben aber führe ich noch eine Liste mit den Autorennamen und Titeln aller von mir gelesenen Bücher. Solche Angaben werden auf Karteikarten vermerkt, die nicht größer als das Innere einer Hand sind. Beide Karteikarten, die größeren und die kleineren, kommen jeweils in eine Kiste und bilden dann einen »Apparat« (Papa).

Viele der von mir gelesenen Bücher beschäftigen sich auf irgendeine Weise mit dem Glauben. Einige Bücher sind dabei besonders wichtig und werden von mir häufig benutzt. Eines enthält zum Beispiel die Texte und Gebete, die während des Kirchenjahrs zu den verschiedenen Zeiten gelesen und gebetet werden. Anders als das normale, weltliche Jahr beginnt das Kirchenjahr nicht am 1. Januar, sondern am ersten Advent. Die vier Adventssonntage laufen dann auf Weihnachten zu und bereiten die Gläubigen auf dieses Fest vor. Nach Weihnachten aber laufen die Sonntage auf die Karwoche und das Osterfest zu. Und nach Ostern ist das Pfingstfest dran. So wird das Kirchenjahr durch die sonntäglichen Anläufe auf große Feste und natürlich durch die großen Feste selbst gegliedert.

Im Leben der Gläubigen führen diese Gliederungen des Jahres dazu, dass sie sich präziser auf ein hohes Fest vorbereiten und darauf freuen können. Man sagt dann: »Nur noch drei Wochen bis Weihnachten!« Oder: »Nur noch zwei Wochen bis Ostern!« Tag für Tag spürt man, wie der zeitliche Abstand geringer wird, entsprechend steigert sich die Vorfreude und führt hin zur eigentlichen und endgültigen Festtagsfreude. Das Kirchenjahr ist also eine Einteilung der Zeit zur allmählichen Freudensteigerung. Die Gläubigen haben auf diese Weise immer etwas vor Augen, auf das sie sich freuen können.

Wenn sie den Glauben aber nicht nur in Wochenabständen, sondern auch von Tag zu Tag erneuern wollen, können sie sich täglich an einen anderen Heiligen oder Märtyrer wenden. Damit sie wissen, welcher Heilige oder Märtyrer an einem bestimmten Tag dran ist, gibt es den sogenannten *Heiligenkalender*. Er verzeichnet für jeden Tag mindestens einen Heiligen, an dessen Leben und Taten man sich an diesem Tag besonders erinnert. Von den meisten Heiligen habe ich noch nie gehört. Das macht aber nichts, weil der *Heiligenkalender* die Geschichte eines jeden Heiligen erzählt, so dass man zumindest ungefähr weiß, wo er gelebt hat, wie er seinen Glauben bekannt und was er für ihn getan hat.

Wenn ich in den Gottesdienst gehe, habe ich kein bloßes Gesang- oder Gebetbuch dabei, sondern ein Buch, das *Brevier* heißt. Es hat über tausend Seiten, ist aber kein dickes Buch, weil die Seiten sehr dünn sind. Das *Brevier* ist dunkelrot, und auch der Seitenblock ist außen dunkelrot, das gefällt mir besonders. Es liegt gut in der Hand, ist nicht zu schwer, aber gewichtig und enthält alles, was man zum Glauben braucht.

Vorne stehen die Gebete für jeden einzelnen Tag der Woche. Danach kommen die Gebete für die besonderen Zeiten des Kirchenjahres. Und schließlich kommen (in gekürzter Form) noch die Geschichten der Heiligen für jeden Tag des Jahres. Gehe ich also zum Beispiel am 16. März in die Kirche, so kann ich nachlesen, dass am 16. März der Gedenktag für den heiligen Heribert aus Köln ist. Er hat um 1000 nach Christus gelebt und war ein Erzbischof, der den Armen und Kranken geholfen, Häuser für sie gebaut und sie mit Speisen, Getränken, aber auch Geld unterstützt hat. Ich lese also eine Geschichte über Heribert aus Köln und erfahre, wo er begraben ist und mit welchen Figuren ein Künstler seinen Schrein geschmückt hat.

Es ist hilfreich, das alles nachzulesen: wo ein Heiliger genau gelebt, was er getan hat, wo er begraben ist und wie die Künstler ihn dargestellt haben. Zumindest ein oder zwei dieser Details behalte ich im Kopf, und wenn ich mich später an Heribert aus Köln erinnern will, brauche ich nur an diese Details zu denken. Die anderen tauchen beim längeren Nachdenken dann ebenfalls auf, und ich kann sagen: »Natürlich, der heilige Heribert war um 1000 Erzbischof von Köln. Seine Gebeine liegen im Heribertsschrein, und dieser Schrein befindet sich in der Kirche St. Heribert in Köln-Deutz.«

Ich kenne sehr viele Heiligengeschichten auswendig, denn ich habe sie mir immer auf diese Weise gemerkt. Und ich habe das dunkelrote *Brevier* in den Gottesdiensten immer dabei, weil ich in den Minuten, in denen mir langweilig ist (wie zum Beispiel während einer zu langen Predigt), bestimmte Heiligengeschichten »repetieren« (Papa) kann. Die »Repetition« lohnt sich sehr: Man liest noch einmal, was man früher gelesen hat, oder man liest es im Verlauf eines Kirchenjahres sogar drei- oder viermal. Sind die Abstände zwischen den Lektüren groß genug, prägen sich die Geschichten schließlich so ein, dass man sie überhaupt nicht mehr vergisst.

Seit ich die Geschichten der Heiligen kenne, trage ich auf den Tagesseiten meiner Chronik auch die Namen der Tagesheiligen ein. Ich schreibe den Namen hin und erwähne kurz, was ich mir merken will: *28. Januar: Heilige Paula. Lebte um 400 n.*

Chr. in Rom. Tat viel Gutes nach dem Tod ihres ungläubigen Mannes.

Lese ich später einmal diese Angaben durch, tritt mir ein Bild der heiligen Paula vor Augen: wie sie auf einem Stuhl sitzt und sich mit dem heiligen Hieronymus unterhält, der ebenfalls auf einem Stuhl sitzt. Mein Bildgedächtnis ist so gut, dass ich die Bilder meist sogar besser behalte als die schriftlichen Angaben. Dann sehe ich zunächst die heilige Paula zusammen mit dem heiligen Hieronymus – und erinnere mich, dass ihr Mann gestorben war und sie nach dem Tod ihres Mannes viel Gutes getan und den Kontakt mit dem heiligen Hieronymus gesucht hat.

In meinem *Brevier* gibt es aber noch einen Schlussteil. Er heißt »Jugendteil« und enthält wiederum für jeden Tag einen eigenen Text, der für die Jugend bestimmt sein soll. Ich weiß nicht, wer diese Texte geschrieben hat, es sind jedenfalls keine Texte aus der Bibel und auch keine Erzählungen über Heilige oder Märtyrer. Vielmehr sind es sehr merkwürdige Texte, in denen die Jugend direkt angeredet wird. So heißt es (zum Thema »Taschengeld«), dass viele Jungen ihr Taschengeld am liebsten sofort ausgeben. Angeblich können sie den Rufen der Eisbuden und Süßwarengeschäfte nicht widerstehen, die immerzu schreien: Gib Dein Geld aus, gib es aus! Statt das Geld sofort auszugeben, sollen die Jungen das Geld lieber sparen und später etwas Sinnvolleres kaufen: eine Überraschung für die Eltern oder ein gutes Buch.

Mir gefallen solche Texte nicht. Ich weiß auch nicht, wo in der Bibel steht, dass Jungen ihr Taschengeld sparen sollen. Hat der Herr Jesus einmal so etwas gesagt? Ich kann mich nicht erinnern. Nein, der Herr Jesus hat solche seltsamen Empfehlungen oder Vorschriften nicht ausgesprochen. Weswegen stehen sie dann aber in meinem *Brevier* – und von wem stammen sie?

Manchmal ärgere ich mich so über die Texte des »Jugendteils«, dass ich sie zu Hause umschreibe:

Viele Jungen freuen sich, wenn sie von ihren Eltern Taschengeld bekommen. (Ich bekomme übrigens keines.) Dann gehen sie gleich durch die Straßen und überlegen gemeinsam, wie sie es ausgeben können. Ein kleines Eis? Etwas zu trinken? Nein, so etwas bezahlen die Eltern, wenn man mit ihnen unterwegs ist. Kaufen sollte man sich etwas, das einem niemand freiwillig kauft oder an das niemand sonst denkt. Die Jungen gehen in einen Spielwarenladen und kaufen sich ein neues Automodell. Das nehmen sie mit nach Hause und stellen es in ihre Sammlung. Die Sammlung steht auf einem Regal und sieht wunderbar aus. Lauter kleine, glänzende, bunte Automodelle mit neuen Reifen und blank geputzten Fenstern! Auch der Herr Jesus hat daran seine Freude und erteilt seinen Segen, denn er freut sich mit, wenn Jungen sich richtig freuen.

Am seltsamsten sind im »Jugendteil« jene Texte, in denen es um den »Missbrauch der geschlechtlichen Kräfte« geht. Dort heißt es, dass Jungen mit den »geschlechtlichen Organen« keinen Missbrauch treiben, sondern sie in Ruhe heranreifen lassen sollten. Ich habe die Mama gefragt, was damit gemeint ist, und die Mama hat geantwortet, sie wisse das auch nicht genau, ich solle den Papa fragen. Also habe ich den Papa gefragt, der geantwortet hat, mit den »geschlechtlichen Organen« sei der Penis gemeint. Der aber wachse von ganz allein und benötige weder ein besonderes Heranreifen noch sonst eine bestimmte Behandlung. Im Grunde mache der Penis nämlich sowieso, was er wolle, ja, er sei eines der wenigen Organe des Menschen, das selbständig handle. Ich habe gefragt, wie er denn genau handle und was er tue, da hat Papa geantwortet, irgendwann werde der Penis sich bei mir melden und dann werde ich ganz von allein wissen, was ich mit ihm anstellen müsse. Das aber habe noch etwas Zeit, und ich brauche mir deswegen vorläufig weiter keine Gedanken zu machen.

Weil Wolfgang oft in den Frühmessen ministriert und mich jedes Mal erkennt, fragt er mich nach einiger Zeit, ob ich nicht auch Ministrant werden will. Ich habe geantwortet: »Ja, gern, warum nicht?« Da hat Wolfgang mir die Zeiten für die Ministrantenstunden genannt und mich eingeladen, zu diesen Zeiten in die Kirche zu kommen.

Einmal in der Woche gehe ich in diese Zusammenkünfte. In der Kirche treffen sich dann etwa zehn Jungen, die alle Ministrant werden wollen. Die Ausbildung dauert ein paar Monate und ist hart. Man lernt alles über den Verlauf eines Gottesdienstes, und man übt, wie man sich während des Gottesdienstes zu bewegen und zu benehmen hat.

Schwer fällt vielen Jungs vor allem »die liturgische Haltung«. Sie besteht darin, dass man sich aufrecht und gerade hält, beides aber nicht übertreibt. Übertreibt man das Aufrechte und Gerade, könnte man erhaben und trotzig wirken, das aber soll natürlich nicht sein. Damit es nicht so wirkt, soll man den Kopf nach vorn neigen, aber auch das nicht zu viel, sonst entsteht ein knechtisch gebogener Rücken. Die Augen müssen fest auf den Altar gerichtet sein und dürfen nirgends umherschweifen.

Am schwierigsten ist jedoch die Haltung der Hände. Immer wieder lese ich die Passagen in dem kleinen Merkheft *Heiliger Dienst* durch, das wir angehende Ministranten erhalten haben. Wie war das also? Man soll die Hände straff aneinanderlegen, Handwurzel an Handwurzel, Finger gegen Finger, den rechten Daumen über den linken gekreuzt. Dann hält man sie in Brusthöhe, und zwar steil aufrecht und nicht hin zum Boden. Wird man auf die Dauer müde, die Hände derart aufrecht und starr zu halten, soll man die Finger, wie es heißt, »betend ineinanderschlingen«. Auf keinen Fall aber darf man mit ihnen spielen oder sonst etwas Zerstreutes tun.

So gibt es für viele Körperteile eigene Vorschriften und Regeln: wie man knien, wie man gehen, wie man sich an die Brust schlagen, wie man das Kreuzzeichen machen soll. In meinem Merkheft steht sogar, dass man vor dem Gottesdienst die Haare kämmen, ordentlich gewaschen und mit blanken und sauber gewichsten Schuhen erscheinen soll.

Neben diesem Körpertraining muss ich auch die Fachsprachen lernen. So muss ich wissen, wie die heiligen Gewänder (Albe, Cingulum, Manipel,

Stola, Casel) genannt werden und woher diese Namen kommen. Auch muss ich erklären können, was die liturgischen Farben (Weiß, Rot, Grün, Violett und andere) bedeuten. Und schließlich muss ich die gesamten Messtexte auf Lateinisch beherrschen, um dem Priester während des Gottesdienstes antworten zu können. Sagt also etwa der Priester: »Domine, exaudi orationem meam« (»Herr, erhöre mein Gebet.«), so antworte ich: »Et clamor meus ad te veniat.« (»Und lass mein Rufen zu Dir kommen.«)

Erst als wir angehende Ministranten das alles beherrschen, werden wir mit dem Ablauf des Gottesdienstes vertraut gemacht. Und das ist nun wirklich das Schwierigste überhaupt. Denn jeder muss wissen, wann er wo zu stehen oder zu knien und sich dann wohin zu bewegen hat. Macht der Priester am Altar ein Kreuzzeichen, muss der Ministrant ebenfalls eines machen. Manchmal muss er auch hinauf zum Altar gehen und das Messbuch von einer Seite des Altars auf die andere tragen. So ist während des gesamten Gottesdienstes sehr viel zu tun, und man irrt sehr, wenn man glaubt, ein

Ministrant brauche nur herumzustehen und zuzuschauen, was der Priester gerade macht.

Schließlich beherrsche ich den Dienst am Altar einigermaßen. Manchmal schaue ich nur etwas zu lange auf den Altar oder den Rücken des Priesters, oder ich studiere (was man eigentlich auf keinen Fall tun soll) ein Altarbild genauer. Auch kniee ich oft zu lange, vergesse, mich rechtzeitig zu erheben, und schlage das Kreuzzeichen verspätet. Ministriert während eines Gottesdienstes noch ein zweiter Junge, so kann ich auf seine Bewegungen achten und ihnen folgen. Ministriere ich aber allein, gerate ich während eines Gottesdienstes oft ins Schwitzen, weil ich manchmal nicht weiß, was ich als Nächstes antworten, wohin ich mich bewegen und wie ich zum Beispiel die Hände am Messpult genau halten muss.

Trotzdem gehe ich gern frühmorgens in die Kirche, um während eines Gottesdienstes zu ministrieren. Während der normalen Wochentage sind nicht viele Menschen in der Kirche, dann ist es am schönsten (weil es so still ist). Ich gehe zunächst in die Sakristei, wo der Priester schon auf mich wartet. Er kleidet sich um, auch ich kleide mich um, und wir sprechen kein Wort miteinander. Fünf Minuten dauert es noch bis zum Beginn eines Gottesdienstes, wir bleiben wahrhaftig vollkommen still, und es ist endlich einmal angebracht und sogar erwünscht, dass kein Wort gesprochen wird. Der Priester schaut in sein kleines Handmessbuch, und ich warte bis zum Aufbruch in den Kirchenraum. Dann ist es so weit. Der Priester sagt leise (und auf Latein): »Unsere Hilfe ist im Namen des Herrn.« Und ich antworte: »Der Himmel und Erde erschaffen hat.« Und dann gehe ich vor dem Priester her als Erster hinein in die Kirche, läute eine kleine Glocke und gehe weiter Richtung Altar. Dann aber spielt schon die Orgel, und alles ist derart feierlich, dass es mich jedes Mal ein wenig schauert.

Ministrant zu sein, bedeutet: ganz nahe an den geheimnisvollen Vorgängen am Altar zu sein. In dieser Nähe bekommt man den Gottesdienst viel genauer und intensiver mit als die Gläubigen, die meist zu weit vom Altar entfernt sind. Obwohl man noch jung ist, ist man ein Verbündeter des

Priesters und auch bereits ein »Eingeweihter«. Man versteht, was am Altar passiert, besser als die Gläubigen, die das alles nur selten richtig mitbekommen. Daher habe ich schon bald beschlossen, eine neue Rubrik meiner *Reflexionen* anzulegen. Sie heißt: *Glauben*, und sie hat eine Unterrubrik: *Ministrieren*:

Pfarrer M. vergisst oft, sich in der Sakristei zu schnäuzen. Erst wenn er am Altar steht, bemerkt er es. Dann kramt er sein schweres Taschentuch aus der Hosentasche unter der Albe hervor, schnäuzt sich kräftig und steckt es umständlich wieder weg.

Während des heutigen Gottesdienstes sah ich plötzlich, dass der rechte Schuh von Pater J. offen war. Die Schuhriemen hingen seitlich, und sie schleiften dauernd über die Erde. Pater J. bemerkte es nicht, und ich überlegte, dass es gefährlich für ihn werden könnte, die Stufen mit offenem Schuh herunter und wieder hinauf zu gehen. Deshalb ging ich zu ihm an den Altar und sagte leise: »Pater, Ihr rechter Schuh ist offen.« Pater J. schaute mich nicht an, sondern weiter geradeaus. Mein Emporsteigen hatte ihn wohl etwas verwirrt, denn er antwortete »Gelobt sei Jesus Christus!«, sonst nichts. Und dann verschwand er kurz hinter dem Altar, wo man ihn nicht sehen konnte, und schnürte den rechten Schuh. Als er zurückkam, nickte er mir zu. Er fand es also richtig und war dankbar, dass ich ihn gewarnt hatte.

Ich trage das Weihrauchfass besonders gern. Wenn der Priester die schimmernden Weihrauchkörner auf der glimmenden Kohle verteilt, entsteht eine große Weihrauchwolke, die ich durch das Schwenken des Weihrauchfasses noch vergrößere und in den Kirchenraum schicke. Pater F. verteilt sehr viele Körner auf der Kohle, es macht ihm richtig Spaß, während Pfarrer M. nur sehr wenige Körner nimmt (ich vermute, er hat etwas Angst vor dem Feuer). Sind die Körner von der Kohle verzehrt, lege ich neue auf und heize kräftig nach. Und die Wolken werden immer größer und wabern durch die Kirche bis hinauf zur Decke. Einige Gläubige husten, aber ich selbst habe noch nie gehustet.

Gestern war der Herr Kardinal in unserer Kirche. Er ist schon alt und sieht schlecht, ist aber sehr gut gelaunt. In der Sakristei gab er jedem einzelnen Ministranten die Hand. Und dann fragte er jeden etwas anderes. Ich war sehr aufgeregt. Als er mich fragte, wie lange ich denn schon diene, antwortete ich: »Von Ewigkeit zu Ewigkeit. Amen.« Da lachte der Herr Kardinal und nannte mich »einen lustigen Vogel«.

Heute war die Frau, die während des Gottesdienstes die Gebete der Gläubigen einleitet und deshalb »Vorbeterin« genannt wird, nicht da. Sie war krank und konnte nicht kommen. Da es aber unter den Gläubigen niemanden gab, der wusste, wie man vorbetet, musste ich neben dem Ministrieren auch das noch tun. Ich habe keinen größeren Fehler gemacht, aber meine Stimme war (nach meinem Eindruck) zu hoch. Ich hätte lieber ganz normal gesprochen, so, wie auf der Straße. Ich konnte es aber nicht, ich sprach piepsig und merkwürdig und so, als hätte ich einen »rauen Hals« (Mama).

Wenn der Priester »Benedicat vos omnipotens Deus« (»Es segne Euch der allmächtige Gott«) sagt, glaube ich manchmal, dass sich der Himmel oberhalb unserer Kirche einen Spalt öffnet und der liebe Gott (Papa sagt immer »Herrgott« und Mama sagt »Gottvater«) uns wahrhaftig segnet. Könnte ich zeichnen oder malen, würde ich genau das zeichnen oder malen, aber ohne den lieben Gott. Nur unsere Kirche, die hohen Bäume ringsum, den spitzen Kirchturm und den schmalen Spalt, aus dem es leuchtet.

Ich will ein guter Ministrant sein. Ich möchte aber nie Oberministrant werden.

Kloster und Internat 1

Eine relativ kurze Zeit meines Lebens habe ich in einem Musikinternat verbracht, das an ein Kloster angeschlossen war. Unterrichtet wurden wir Schüler von Patres eines Ordens, und auch unser Tageslauf war beinahe genau so geplant wie der Tageslauf von Mönchen, die ihr ganzes Leben dem Glauben gewidmet haben.

Ich habe ein solches Leben als eine Überforderung empfunden. Eigentlich passte es auch ganz und gar nicht dazu, wie meine Eltern mit dem Glauben umgingen und wie sie ihn lebten. Dass man es mit dem Beten und dem Glauben nicht »übertreiben« dürfe, sondern eben einfach glauben solle, war ja einer der »Glaubenssätze« meines Vaters, der anscheinend gar nicht berücksichtigt hatte, dass ich als Schüler in einem kirchlichen Internat wahrhaftig zu einem beinahe pausenlosen Beten und Glauben angehal-

ten wurde. Alles, was dort geschah, hatte auf irgendeine Weise mit dem Glauben zu tun, jedes Thema wurde so angepackt und bearbeitet, dass man am Ende wieder beim Glauben angekommen war.

Darin bestand die anstrengende Erfahrung der kurzen Internatszeit, der ich mich dann auch entzog. Die gute Erfahrung aber bestand vor allem im Kennenlernen der gregorianischen Choräle, deren ruhiges Schreiten und zurückhaltendes Sprechen ich sehr liebte. Bis heute ist das so, und es vergeht kaum ein Tag, an dem ich nicht diese uralte Musik höre, die mir nicht als »Musik« im konventionellen Sinn erscheint, sondern als ein in wenige Tonschritte gekleidetes Beten.

In den ersten Tagen und Wochen des Internatslebens wurde ich das *Herzzerreißende* nicht los, es war wie ein Fieber, das mich jeden Tag in nicht vorhersehbaren Momenten befiel und lähmte. Irgendeine Kleinigkeit genügte bereits, um meine Sehnsucht nach Köln und unserem Zuhause auszulösen, manchmal war es ein Geruch, dann eine Geste oder eine Bemerkung, ja ich war so empfindlich, dass ich regelrecht danach suchte, wieder an etwas Vertrautes erinnert zu werden.

Denn die Entfernung von diesem Vertrauten war nichts anderes als ein schmerzlicher, gewaltiger Schock, der so groß war, dass ich ihn oft nur durch die Vorstellung, all das, was ich gerade erlebte, sei bald vorbei und sowieso nur ein böser Traum, überstand.

Dabei wurden wir Neuankömmlinge keineswegs besonders streng oder finster behandelt, im Gegenteil, jeder von uns bemerkte, dass man uns einen Bonus einräumte, indem man uns langsam und geduldig mit unserer neuen Welt vertraut machte. Es waren also nicht die Patres und die anderen Lehrer, die mir so zusetzten, es waren auch nicht die neuen Mitschüler, mit denen ich mich nach einer Weile denn doch arrangierte, nein, das alles war es nicht, es war vielmehr die gesamte Planung und das System selbst.

Über dieses System hatten sich meine Eltern, wie ich heute glaube, nicht genügend Gedanken gemacht. Sie hatten das große Ziel im Blick, nicht aber den Weg dorthin, und genau das war der entscheidende Fehler, den man erst später, als es längst viel zu spät war, bemerkte.

Um eine Vorstellung von diesem Weg zu erhalten, hätten meine Eltern in Gedanken den normalen Tagesablauf eines Schülers durchspielen und sich danach auch den Ablauf einer Woche vorstellen müssen. Sie hätten sich dabei bis ins Einzelne zu vergegenwärtigen gehabt, was ich Stunde für Stunde, Tag für Tag, Woche für Woche an genau welchen Orten zu tun hatte. Dann hätten sie sich fragen müssen, ob eine solche Planung gut und wirklich *ideal* für mich war.

Mit Sicherheit hätten sie auf diese Weise nicht genau vorhersehen können, was dann später wirklich geschah, aber sie hätten doch sofort gewusst, dass sie mich in ein Leben verabschiedet hatten, das nicht das richtige für mich war, ja in dem ich mich von Tag zu Tag in eine nicht beabsichtigte Richtung verändern würde.

Ein besonders unangenehmer Bestandteil dieses Lebens war die dauernde Anwesenheit der Mitschüler in meiner unmittelbaren Umgebung.

Dabei störte ich mich nicht an den besonderen Macken und Eigenheiten bestimmter Mitschüler, nein, es störte mich generell, dass ich den ganzen Tag von anderen Menschen umgeben und beinahe keine einzige Minute allein war.

Es begann schon damit, dass etwa fünfzig Schüler in einem großen Schlafsaal schliefen, Bett neben Bett. Jeden Morgen begegnete man nach dem frühen Aufwachen sofort einer kaum überschaubaren Zahl von Fremden, denen man dann bis zum Mittag nicht mehr entkam. Man ging zusammen ins Bad, man frühstückte zusammen, man besuchte manchmal den Gottesdienst und setzte sich dann wieder dicht nebeneinander in den Klassensaal. Die einzigen Minuten, die man bis zum Mittag allein verbringen konnte, waren die knappe, halbe Stunde vor dem wiederum gemeinsamen Mittagessen, in der sich die meisten Schüler auf ihrem schmalen Bett im Schlafsaal aufhielten.

Nun war das ununterbrochene Zusammensein und das Dasein in einer Gemeinschaft an und für sich ja nichts Schlimmes, und es gab auch viele

Schüler, denen so etwas überhaupt nichts ausmachte, weil sie sich in einer solchen Gemeinschaft wohlfühlten. Für mich aber bedeutete ein solches Leben eine Umstellung, an die ich mich die ganze Zeit meines Internataufenthaltes nicht gewöhnen konnte. Über ein Jahrzehnt hatte ich mit nur wenigen Menschen ein sehr stilles Leben geführt, jetzt aber sollte ich mich darauf einstellen, vom frühen Morgen bis in die Nacht Teil einer unruhigen, nervösen und oft sehr lauten Gemeinschaft zu sein.

Hinzu kam die körperliche Präsenz der Mitschüler, die einem mit ihren Bewegungen und Aktionen viel zu nahekamen. Auch diese Dauerpräsenz anderer Menschen um mich herum war ich nicht gewohnt, ich hatte, verglichen mit meinen Mitschülern, in einem großen Abstand zu anderen Menschen gelebt, so dass ich jedes plötzliche, unerwartete und meist noch heftige Eindringen in den unmittelbaren Raum um mich herum nur wie eine lästige und dazu noch überflüssige Störung empfand.

Dadurch aber entwickelte sich mein Aufenthalt in den Räumen des Internats und des Klosters zu einer einzigen Flucht, während der ich ununterbrochen damit beschäftigt war, Ruhezonen und andere Räume aufzutun, in denen ich es zumindest nur mit einer begrenzten Zahl von Mitschülern zu tun hatte.

Zur wichtigsten dieser Zonen entwickelte sich mit der Zeit die Klosterkirche, in der das Sprechen verboten war und in der es genaue Regeln für das Verweilen gab. Bald genügte es mir nicht mehr, nur zu den Gottesdiensten zu erscheinen, sondern ich versuchte, die Kirche so oft wie möglich aufzusuchen, um mich wenigstens für kurze Zeit in diesem stillen Raum aufzuhalten.

Besonders still war es in ihr in der Morgenfrühe, kurz vor sechs, wenn die Patres im Chorraum erschienen und den Tag mit ihren gregorianischen Wechselgesängen begannen. Wir Schüler waren nicht verpflichtet, bereits so früh aufzustehen, andererseits war der Besuch dieses frühen Choralgesanges aber auch nicht verboten. Und so saß ich jeden Morgen meist als der einzige, noch vor den anderen aus dem Schlafsaal geschlüpfte Schüler im hinteren, dunklen Bereich der Kirche, um nichts anderes zu erleben als die Stille des Raums und den mir neuen, aber mich von Anfang an bewegenden Gesang.

Dieser Gesang begann fast immer mit demselben Gebetsruf, der mich dann mein ganzes weiteres Leben lang begleitet hat und in ihm immer wieder eine nicht unbedeutende Rolle spielte. Es handelte sich, wie bei den weiteren Gesängen auch, um einen Text in lateinischer Sprache, der zu einem einzigen, im weiten Kirchenschiff verebbenden und den Gesang daher nur stützenden Orgelklang gesungen wurde.

Ich weiß diesen lateinischen Text noch heute auswendig, er lautet: *Deus, in adjutorium meum intende / Domine, ad adjuvandum me festina,* was auf Deutsch heißt: *O Gott, komm mir zu Hilfe / Herr, eile mir zu helfen.*

Die starke Wirkung, die diese beiden Zeilen bei mir jedes Mal auslösten, hatte mit der Einfachheit der Worte zu tun, die in eine absolute Stille hinein gesungen wurden. Vor ihm gab es nichts anderes als diese Stille, es war die schwere Stille der tiefen

Nacht, die noch immer den gesamten Gottesraum füllte und durch diese ersten Klänge erst langsam vertrieben wurde.

Daneben war der Gesang aber auch deshalb schön, weil er nicht aus einer Melodie, sondern nur aus der Wiederholung eines einzigen Tons bestand. Dieser Ton wurde sehr leise und mit einer geradezu rührenden Vorsicht gesungen, es war ein Ton, dessen Reinheit man in der Dunkelheit suchte und den man dann im weiten Raum langsam zum Schwingen brachte.

So begann der Tag nicht mit etwas Lautstarkem oder Demonstrativem, nein, ganz im Gegenteil, er begann mit der Bemühung, einen einzigen Ton zu treffen, um dann eine Weile lang auf ihn zu horchen. Der gesamte Gestus dieses Morgengebets hatte dadurch etwas von einer bescheidenen und vorsichtigen Annäherung, man trat aus dem Dunkel ins Helle, man lauschte dem ersten Morgenlaut und verneigte sich vor Gott, ohne mehr aufzubieten als einen einzigen Ton und die flüsternde Schwachheit der Stimme.

Dazu aber passte auch der zweizeilige Text, der ja im Grunde nur der etwas direktere Ausdruck all dieser Gebärden war und deshalb nicht mehr meinte als: Gott, ich beginne diesen Tag mit der Bitte um Deine Hilfe, ohne diese Hilfe werde ich ihn nicht bestehen. Herr, begleite mich durch den Tag, das ist meine erste und einzige Bitte.

Ich habe den zweizeiligen Text des Gesangs hier mit meinen eigenen Worten umschrieben, um deutlich zu machen, wie ich diesen kurzen Text damals verstand. Ich verstand ihn nämlich nicht als ein Gebet wie jedes andere auch, sondern ich bezog ihn direkt auf mich selbst. *O Gott, komm mir zu Hilfe …*, besser hätte ich nicht bitten und beten können, *Herr, eile mir zu Hilfe …*, ja, um den Beistand des Herrn betete ich, da ich dieses Beistands während des weiteren Tags dringend bedurfte.

So bot die frühe Stunde in der Klosterkirche einige der schönsten Augenblicke des Tages überhaupt. Im Winter trat man noch wie erstarrt in die scharfe Eiseskälte der Kirche, im Frühjahr und Sommer erlebte man in ihr aber die Erscheinung des Morgenlichts, das sich sehr allmählich durch die hohen Glasfenster im Chor in den Kirchenraum schob und sich von Minute zu Minute mehr im Altarraum verteilte.

Fühlte ich mich zu Beginn des Tages dort geborgen und sicher, so musste ich in seinem weiteren Verlauf nach anderen Orten Ausschau halten, wo ich dem üblichen Trubel entgehen konnte. Einer dieser Orte war die Küche, in der täglich einige Schüler bei der Vorbereitung der Mahlzeiten aushelfen mussten. Diese Mitarbeit war nicht sehr beliebt, sie galt als mühsam und langweilig, so dass ich als einer, der sich freiwillig zum Küchendienst meldete, jedes Mal zum Einsatz kam.

In der Küche befanden sich etwa zehn Personen, denen unter der Leitung des Chefkochs ganz bestimmte Aufgaben zugewiesen wurden. Die einen kümmerten sich nur um die Suppe, die anderen um das Gemüse oder den Nachtisch, während wir Schüler noch kleinteiligere Aufgaben, wie etwa das Schälen von Zwiebeln oder das Putzen von Salat, zu erledigen hatten. Wenn die Aufgaben verteilt waren, arbeiteten alle still vor sich hin, aus dem Hintergrund kam etwas Radiomusik, mehr war jedoch nicht zu hören. Auch hier fand ich also Zeit und zumindest etwas mehr Raum als sonst während des Tages üblich, ich konnte abtauchen und meinen eigenen Gedanken nachhängen.

Der dritte Ort schließlich, den ich immer wieder aufsuchte, war die Klostergärtnerei. Auch für diese Arbeit konnten die Schüler sich freiwillig melden, und auch hier gab es meist nicht genug Freiwillige, um die viele Arbeit zu tun. Zweimal in der Woche wurde man hier mit leichten Tätigkeiten beschäftigt, man musste die frisch getriebenen Blumen und die Topfpflanzen begießen oder die Gemüsesteigen mit dem Frischgemüse hinauf in die Klosterküche tragen oder die Rollmatten aus Stroh auf den Dächern der Gewächshäuser ausrollen, um sie vor der Sonne zu schützen.

Schon allein das regelmäßige Aufsuchen dieser drei Fluchtorte sorgte für eine bestimmte Ordnung im Zeitplan einer Woche, diese Ordnung aber war noch gar nichts gegenüber den weiteren, für alle Mitschüler verbindlichen Ordnungen. Solche bis ins Kleinste ausgearbeiteten Zeiteinheiten regelten den Ablauf jedes Tages vom Aufstehen bis in die Nacht, sie gruppierten sich um den Schulunterricht am Morgen, die Mahlzeiten während des Tages und die musikalischen Übungsprogramme am Nachmittag.

Neben der halben Stunde kurz vor Mittag blieb jedem Schüler meist nur die Stunde vor dem Abendessen zur freien Verfügung. Die Stunden nach dem Abendessen bis zum Schlafengehen gegen 22 Uhr waren dagegen entweder den Hausaufgaben oder weiteren Musikproben vorbehalten. Tat sich durch einen Zufall oder eine Fehlplanung einmal eine Lücke im Tageslauf auf, so wurde sie für Sport genutzt. Sport! – gab es etwas Langweiligeres als Internats-Sport und damit einen Sport, der nur darin bestand, mit einigen Mitschülern, deren sportliche Fähigkeiten man bald bis ins Letzte kannte, immer wieder Fußball, Handball und andere Mannschaftssportarten zu spielen, die doch nur dann Spaß machen, wenn man es zumindest dann und wann einmal mit neuen und unbekannten Gegnern zu tun hat?

Das *System* Internat, wie ich es vorhin genannt habe, bestand also darin, die Schüler ununterbrochen so zu beschäftigen, dass ihnen kaum ein Moment für sich selbst blieb, ja, selbst kleinere Pausen waren noch in die Zeitplanung eingebaut, weil man darauf hoffte, dass die Schüler sie für ein Gebet in der Kirche oder die Teilnahme an einer Vesper nutzen würden.

In ihren Grundlagen gingen diese Planungen auf die uralten *Regeln* des heiligen Benedikt aus dem sechsten Jahrhundert nach Christus zurück, die dem Mönchsleben in ganz Europa Form und Ordnung gegeben hatten. Mochten diese Regeln für die halbwilden Abenteurer des frühen Mittelalters richtig gewesen sein, und mochten diese lebenslustigen Abenteurer dadurch erst erfahren haben, was man alles in einer Stunde, an einem Tag oder sogar in einer Woche bei geregeltem Dasein tun konnte, so waren sie doch gewiss nicht das Richtige für einen Jungen, der eigentlich nur Fortschritte im Klavierspiel machen wollte und bis zu diesem Zeitpunkt ein relativ freies Leben geführt hatte.

Kloster und Internat 2

Mit meinem drei Jahre alt gewordenen Bruder, der 1945 kurz vor Kriegsende durch eine Granate ums Leben gekommen war, habe ich mich während meiner Kindheit oft so sehr verbunden gefühlt, dass ich mich heimlich mit ihm unterhielt. Ich kannte einige Fotos, auf denen er zu sehen war, und ich hatte genau diese Bilder vor Augen, wenn ich mit ihm sprach. Antwortete er auch? Ja, natürlich, er antwortete. Wir sprachen miteinander wie zwei sehr gute Freunde, die sich vieles anvertrauten, was sie sonst niemandem erzählten. Hätte uns jemand hören können, hätte er uns nicht nur für Brüder, sondern vielleicht sogar für Zwillinge gehalten.

Dieses Zwillingsspiel habe ich später in den Roman »Schwerenöter« übertragen. Er erzählt (aus der Sicht des zweitgeborenen Zwillings) von dem Zusammenleben der beiden Zwillinge Josef und

Johannes, die nach dem Zweiten Weltkrieg in Köln zur Welt kommen. Die beiden mögen sich, aber sie sind auch sehr verschieden. Johannes ist ein etwas melancholischer Ekstatiker, Josef eher ein draufgängerischer Pragmatiker.

»Schwerenöter« ist ein satirischer Roman, und das bedeutete (für mich als Autor): dass ich viele Szenen meiner eigenen Kindheit anders (nämlich verzerrt oder karikiert) erzählen konnte. So gibt es auch in diesem Roman ein Kapitel, das in einem Internat spielt. Etwa zum Zeitpunkt der Wahl Angelo Roncallis zum Papst werden die beiden Brüder in dieses Internat aufgenommen. Josef, der Pragmatiker, fühlt sich dort nicht wohl. Johannes, der Ekstatiker, aber geht in den Ritualen und Geboten bis zur Übertreibung hin auf.

So waren die folgenden Szenen (für mich als Autor) Momente eines ins Komische gedrehten Spiels: Ich konnte von meinem Bruder und mir auf eine Weise erzählen, die uns beiden (im wahren Leben) bestimmt gefallen und zum Lachen gebracht hätte.

Kaum zehn Tage später trafen wir im Internat ein. In Köln hatten Josef und ich noch einige schöne Tage erlebt. Wir freuten uns auf die höhere Schule, gingen mit der Mutter spazieren und passten auf das erste Kind der Tante, das vor kaum einem Jahr zur Welt gekommen war, auf. Die Streitereien früherer Zeiten hatten einem nie da gewesenen Einverständnis Platz gemacht. Zwar glaubte Josef noch immer, die Szene beherrschen zu müssen, indem er lautstark den Ton angab, doch machte mir das nichts mehr aus. *Demut* und *Gehorsam* – sie waren die ersten Gebote, und ich mühte mich täglich, meine Ansprüche zu unterdrücken und durch besondere Zurückhaltung zu gefallen.

So erschienen uns die Verhältnisse geregelt; als wir Köln verließen, dachte noch niemand daran, dass der brüderliche Zwist, der unserer Mutter so viele Sorgen bereitet hatte, bald wieder ausbrechen könnte. Großvater hatte uns mit einem kleinen Taschengeld versorgt, und am Nachmittag vor dem ersten Unterrichtstag versammelten sich die neuen Schüler im Refektorium des Klosters, wo sie durch den ehrwürdigen Abt begrüßt und eingewiesen wurden. Hatten wir noch angenommen, dass man uns beiden ein gemeinsames Zimmer zuteilen werde, so wurden wir bald enttäuscht. Die Schüler der unteren Klassen schliefen in großen Schlafsälen, erst Jahre später durfte man ein Doppelzimmer beanspruchen. Josef maulte auf, ich aber nahm auch diese Anordnung gelassen hin.

So lagen wir am Abend des ersten Tages nebeneinander in unseren Betten; auf merkwürdige Weise erinnerte mich diese Nähe an die Tage unserer Kindheit, und als das Licht von einem Pater gelöscht und befohlen wurde, nun keinen Laut mehr hören zu lassen, fragte ich meinen Bruder noch schnell, wie es ihm gefalle. »Es geht so«, antwortete er leise, »ich glaube, es wird anstrengend.« – »Warum anstrengend?« – »Wegen des *hohen Tons,* sie reden hier so eigenartig.« – »Das ist der Ton der *Offenbarung*«, sagte ich vorsichtig. – »Und was offenbaren sie damit?« – »Sie sind von Gott erleuchtet, sie denken anders als wir. Im Stillen sind sie vielleicht schon im Himmel.« – »Und was wollen sie dann noch hier?« – »*Beten* und *arbeiten.* Sie bereiten sich auf das Jenseits vor.« – »Aber dann macht das Leben hier kaum noch Freude.« – »Warten wir einmal ab.« – »Worauf sollen wir warten?« Ich hätte es ihm gerne gesagt; noch immer beschäftigte mich der Gedanke, Gott könne an meinem duldsamen und asketischen Verhalten Freude gefunden haben. Ich rechnete insgeheim mit einem jener himmlischen *Zeichen*, wie es dem großen *Augustinus* und den meisten anderen Vorbildern zuteilgeworden war. Doch ich durfte davon nicht sprechen.

In dieser Nacht ahnte ich noch nicht, wie bald meine gesteigerte Erwartung befriedigt werden würde. Kaum waren nämlich die ersten Schulwochen vergangen, hielt uns ein Ereignis in Atem, das der Zukunft eine ganz neue Richtung gab: In Rom war der Papst gestorben. Auch im Kloster erwartete man gespannt die Wahl des neuen Oberhauptes der Kirche. Die Patres nannten uns die Namen der in Frage kommenden Kandidaten, insgesamt herrschte eine gewisse Aufregung. Neben den über fünfzig Kardinälen hofften auch zweihundert beim Konklave eingeschlossene Helfer, Ärzte und Krankenschwestern, dass die Wahl nicht zu lange dauern werde. Man hatte die Verpflegung der Versammlung sieben Vinzenterinnen anvertraut, von denen man wusste, dass sie die Kochkunst nicht eben mit Leidenschaft betrieben. Während der Stimmabgabe hielten die Kardinäle sich in der Sixtinischen Kapelle auf. Jeder schrieb den Namen seines Kandidaten auf ein Stück Papier und bemühte sich dabei, seine Handschrift zu verstellen. Mit dem beschriebenen Bogen trat man vor den Altar, man hob ihn mit zwei Fingern der Rechten hoch, so dass er gut sichtbar war, man betete, sprach die Eidesformel und legte das Blatt in den Abendmahlskelch. Später wurden die Namen der Vorgeschlagenen laut vorgelesen, und die Anwesenden trugen die Stimmen auf vorbereiteten Bögen ein. Auf dem Petersplatz wartete eine große Menschenmenge auf das entscheidende Zeichen. Weißer Rauch sollte aus dem Schornstein über der Kapelle aufsteigen, um den Gläubigen anzuzeigen, dass ein neuer Papst gewählt war.

Auch wir Schüler verfolgten die Wahlgänge mit Ungeduld. Selbst in den Pausen standen wir abwartend im Klassenraum, um wenig später von einem der herbeigelaufenen Patres zu erfahren, dass es wieder nichts gewesen sei. Die Kardinäle mussten sich einigen. Vielleicht beteten sie unaufhörlich in ihren kleinen Zellen, gingen im Innenhof spazieren und baten Gott um die rechte Erleuchtung. Andere vermuteten, dass in der Abgeschiedenheit der Kapelle geheime Kämpfe zwischen den verschiedenen Gruppen tobten. Auch die hohen Herren des Kollegiums waren Menschen, die sich ihren Platz und ihre Rechte in der Welt sichern wollten. Ich selbst schloss diese Vermutungen völlig aus, denn in meinen Vorstellungen hatte Gott selbst sich in der angeblich himmlisch-schönen Sixtina eingefunden, um sich unter seine Kardinäle zu mischen und ihr Gewissen zu erforschen. Er wusste am besten, wer die Wahl verdient hatte, und er würde ein *Zeichen* für den ganzen Erdkreis setzen. Ein *Zeichen,* ein *Zeichen* vom Himmel? Plötzlich hatte ich die Vermutung, dass die Papstwahl mich betreffen konnte. Sollte Gott auf diesem Weg zu mir sprechen, wollte er zu erkennen geben, dass er mit meinen Anstrengungen zufrieden war und noch viel mit mir vorhatte? Ich schlief nur noch schlecht, nachts lag ich mit weit geöffneten Augen auf meinem harten Lager, während der Bruder neben mir nichtsahnend längst in den Schlaf gefallen war. Im fernen Rom, einer Stadt, wie ich sie mir prächtiger und schöner nicht vorstellen konnte, hofften zur selben Zeit einundfünfzig Kardinäle auf die Weisungen Gottes. Er ordnete ihre verworrenen Gedanken, wie er auch in meine Überlegungen einzugreifen schien, die sich allmählich beruhigten, so dass ich am Ende nichts anderes mehr dachte als meinen eigenen Namen, *Johannes, du bist Johannes,* zugegeben törichte Worte, die mich jedoch endlich einschlafen ließen …

An einem Nachmittag aber verbreitete sich wie ein Sturm die frohe Kunde: *Habemus Papam.* Die Glocken der Klosterkirche läuteten, im Kreuzgang versammelten sich die Patres, wir Schüler wurden aufgefordert, im Innenhof Aufstellung zu nehmen. Beinahe schwindlig vor Erregung lief ich herbei, selbst aus den nahen Bauerndörfern kamen jetzt die Menschen, zogen mit uns vor das Hauptportal der Kirche, erlebten das Aufbrausen der Orgel, den Jubel, die mit glücklichen Kindergesichtern einziehenden Mönche, die das *Te Deum laudamus* anstimmten, um im Wechselgesang nach den Regeln des alten Ritus fortzufahren. *Angelo Roncalli,* der sechsundsiebzigjährige Patriarch von Venedig, war zum Papst gewählt worden. Soeben hatte er in Rom der ganzen Christenheit mitgeteilt, dass er sich *Johannes* nennen werde. Als ich es erfuhr, wurde mir schwarz vor Augen. Ich klammerte mich an der Bank fest, eine Hitzewelle stieg in mir hoch: Gott hatte mich endlich erhört; er hatte mir ein Zeichen seines besonderen Vertrauens gegeben, um mir zu zeigen, dass er Großes von mir erwartete. Mein Eintritt in das Internat mochte mit seinen geheimen Planungen zusammenfallen, von nun an war ich sein *Erwählter.* Wie ich weiter erfuhr, bedeutete der Name *Johannes* dem Heiligen Vater besonders viel. Es war nicht nur der Name seines Vaters, es war auch der Name der kleinen Pfarrei, in der er getauft worden war, der Name unzähliger Kirchen und Kathedralen, ein Name, der in der langen Reihe der Päpste mit am häufigsten vorkam, jedoch seit mehreren Jahrhunderten nicht mehr gewählt worden war. Der neue *Johannes* war der dreiundzwanzigste in der Reihe der Päpste, nicht gerechnet jenen falschen, der vor fast fünfhundert Jahren die Herzen der Gläubigen verwirrt hatte. *Oboedientia et pax, Gehorsam und Frieden –*

so lautete sein Wahlspruch, und wie ich sofort bedachte, gab er auch meinem Leben die Regel, den Anweisungen Gottes und der Mönche zu folgen, und einen dauerhaften Frieden mit dem Bruder zu suchen …

Ich bemühte mich. Seit der Papstwahl wusste ich, dass ich mich besonders bewähren musste. Daher besuchte ich, sooft es ging, den Frühgottesdienst. Als Einziger wurde ich früher geweckt. Ich kleidete mich in aller Stille an und schlich aus dem Schlafsaal. Zu so früher Stunde war die Kirche meistens noch leer. Nur wenige Mönche nahmen an der Messe teil. Ich hatte mir – nach dem Studium der Regeln des *heiligen Benedikt* – vorgenommen, immer denselben Platz in der Kirche einzunehmen. So kniete ich neben einem der großen Pfeiler, ganz in mich versunken, still den Gebeten folgend, die ich oft leise mitsprach. In meinem Inneren aber ging ich die zwölf Stufen der Demut durch, die *Benedikt* für seine Mönche aufgestellt hatte. Die erste Stufe bestand darin, den eigenen Willen ganz aufzugeben, um in Gottesfurcht zu erzittern. Gott kannte, wie es hieß, die Gedanken der Menschen; um so entschlossener musste man alle boshaften Züge aus dem eigenen Inneren verbannen. Daher ermahnte ich mich immer wieder, den Geboten zu folgen. Ich bewegte mich ruhig und ging gesammelt aus dem Kirchenraum, um die soeben erfahrene Botschaft weiter im Sinn zu behalten. Begann wenig später der Unterricht, versuchte ich, so aufmerksam wie möglich zu sein. Die lateinische Sprache wollte ich mit besonderem Fleiß erlernen; in dieser Sprache predigte der Heilige Vater zur Christenheit, auf der ganzen Welt redete die Kirche in ihren Worten, selbst die Engel mochten sich mit ihrer Hilfe Gott verständlich machen. Gott stellte ich mir als die Summe aller Vokabeln vor; mit jedem neuen Wort kam ich ihm einen Schritt näher. Unaufhörlich formten meine Lippen die fremden Silben, während der Verstand sie sich einprägte. Erst die *ruminatio,* das *Wiederkäuen,* verankerte die Worte in meinem Gedächtnis, so dass ich bald leichter mit ihnen umgehen konnte. Ich machte rasch Fortschritte. Schon gelang es mir, mit einigen besonders einprägsamen Wendungen zu meditieren. *Dominus novit cogitationes hominum – der Herr kennt die Gedanken der Menschen,* dies war der erste Satz, den ich mir zur Aufgabe meiner Versenkung gemacht hatte. Ich legte das Lateinbuch zur Seite, schloss die Augen und sprach den Satz vor mich hin. Indem ich ihn häufiger wiederholte, wurde er zu einer Art stiller Gewissheit. Ich stellte mir Gott vor, der von oben alle Gedanken und Gefühle überblickte. Wie viel mochte er damit zu tun haben, das Böse abzuwenden, wie oft mochte er ungehalten sein über das, was er gewahr wurde!

Meinem Bruder aber gefiel mein Eifer nicht. Das strenge und bald etwas eintönige Klosterleben machte ihm zu schaffen. Er verschlief, musste am Morgen mehrmals geweckt werden und kam verspätet zum Frühstück. Gierig trank er meinen Kaffee aus, eignete sich meine Essration, auf die ich der Askese wegen verzichtete, an und kam verärgert und missmutig in das Klassenzimmer, wo er schimpfend neben mir Platz nahm. »Das hält niemand aus«, fluchte er vor sich hin. – »Sag so etwas nicht!«, beruhigte ich ihn. – »Warum müssen wir so früh aufstehen?« – »Weil es der Herr so will«, antwortete ich, »der Herr hat gesagt, schlafet nicht, wachet, und daher wachen wir schon in der Frühe, bevor die gewöhnlichen

Menschen aufstehen.« – »Red keinen Unsinn, du sprichst schon wie die Patres!« – »Ich spreche so, wie Gott es mich gelehrt hat.« – »Sei still, ich kann es nicht mehr hören!« – »Du wirst es hören müssen, es ist die Sprache des befriedeten Herzens!« – »Sag mal, geht es Dir gut?« – »Ich habe den Frieden im Gehorsam gefunden.« – »Du bist ja nicht bei Verstand!« – »Ich vergebe Dir.« – »Du sollst mir nichts vergeben!« – »Aber ich muss Dir vergeben.« – »Wer sagt das?« – »Gott hat es mir aufgetragen!« – »Dann sag Gott, ich verzichte darauf, daß Du mir vergibst; es wäre besser, Du würdest mir helfen.« – »Ich helfe Dir, indem ich Dir vergebe. Denn der Herr kennt die Gedanken der Menschen, wie der *heilige Benedikt* sagt: *Dominus novit cogitationes hominum.*« – »Willst Du mich unbedingt aufregen?« – »Aber nein. Der Herr hat gesagt …« Er ließ mich nicht ausreden. Ungebeten schlug er mit der Faust auf die Bank, dass die anderen Schüler sich umschauten. Weil er gestört hatte, musste er den Rest der Stunde in einer Ecke des Klassenzimmers verbringen. Als ich ihm später vorhielt, dass er die zweite Stufe der Demut, die besage, dass Eigenwille (*voluntas*) Strafe bringe und Gebundenheit (*necessitas*) die Krone erwerbe (*coronam parit*), niemals erreichen werde, wenn er so weitermache, stieß er mich weit von sich. Er lief nach Unterrichtsschluss aus dem Klassenzimmer und brüllte laut in den Innenhof, dass ihn das alles nichts angehe. Ich eilte ihm hinterher, ich versuchte, ihm den Arm um die Schultern zu legen, ich sprach davon, dass der vollkommene Gehorsam darin bestehe, sich den Oberen zu unterwerfen …, er aber machte sich los, brüllte nur lauter und warf seine Bücher fort, so dass ich sie einsammeln und an den für sie bestimmten Platz zurückbringen musste. Der Herr kannte die Gedanken der Menschen. Er hatte mir die Launen des Bruders geschickt, um mich zu prüfen, und ich nahm diese erste Herausforderung an, wissend, dass ich nicht einmal im Stillen daran denken durfte, den Bruder mit harten, unbedachten Worten zur Rede zu stellen. Daher sprach ich ruhig mit ihm, um ihn von seinen üblen Stimmungen abzubringen. Doch er zeigte sich wenig zugänglich. Finster blickte er mich bereits am frühen Morgen an, um seinen Kaffee noch ungehemmter zu schlürfen. Er räkelte sich in der Bank und wurde laut, wenn es ihm langweilig wurde. Mit der Zeit wurde sein Verhalten unerträglich. Schließlich ließ mich der ehrwürdige Abt zu sich kommen. Wie ich erwartet hatte, sprach er von den Launen des Bruders. »Ihr scheint Euch nicht gut zu verstehen«, sagte er. – »Hochwürden«, setzte ich an, »*ich* verstehe ihn gut; er ist verstockt, und Gott hat ihm Schweres aufgebürdet. Doch ich gebe mir Mühe, die Prüfung zu bestehen.« – »*Du* gibst dir Mühe?« – »Jeden Tag ermahne ich ihn, Gehorsam und Frieden walten zu lassen, *oboedientia et pax,* wie es der Heilige Vater fordert.« – »Und was sagt Dein Bruder dazu?« – »Er stößt mich von sich, er geht durch das Tal einer harten Herausforderung.« – »Weißt Du, wie wir ihm helfen könnten?« – »Nein, ehrwürdiger Vater.« – »Ich glaube, wir helfen ihm sehr, wenn wir ihn seinen Weg allein gehen lassen.« – »Aber allein wird er ihn niemals finden.« – »Das sagst Du, und mit diesen Worten setzt Du Dich noch über Gottes Ratschluss. Weißt Du denn, was Gott mit ihm vorhat? Willst Du Gott in die Quere kommen?« – »Ehrwürdiger Vater«, sagte ich tief geknickt, »was ich sagte, war falsch, war sehr falsch. Der Herr kennt nämlich die Gedanken der Menschen, aber ich kenne nicht die Gedanken des Herrn. Ich habe einen Fehler begangen, und ich werde ihn bereuen.« – »Du brauchst nicht zu bereuen, wir werden Deinen Bruder an einen anderen Platz setzen, und Du wirst mir versprechen, ihm in den nächsten Wochen seine Ruhe zu lassen. Versprichst Du es?« – »Ich verspreche es, Hochwürden, so, wie der *heilige Benedikt* sagt: *Qui perseveraverit usque in finem, hic salvus erit – wer ausharrt bis ans Ende, wird Rettung finden.*« Ich wurde entlassen, und noch an demselben Abend gab man meinem Bruder ein anderes Bett; am nächsten Morgen erhielt er auch einen anderen Platz im Klassenzimmer. Wir waren wieder getrennt worden, und ich gehorchte.

Der Glaube Johann Sebastian Bachs

Der Glaube war mit vielen Erzählungen, Bildern und Gebäuden, nicht zuletzt aber auch mit der Musik verbunden. Gregorianische Choräle erschienen mir (ich sagte es schon) wie ein Beten, das in eine puristische Tonfolge eingepasst worden war. Daneben waren die alten Kirchenlieder von großer Bedeutung, von denen ich als Kind viele Strophen auswendig kannte.

Da ich fast jeden Tag Klavier übte und später einmal ein Pianist werden wollte, spielte ich schon bald auch Stücke von Johann Sebastian Bach. Einer meiner großartigen Klavierlehrer (es war der Musikpädagoge Erich Forneberg, ein Freund meines Vaters) hielt Bach für den bedeutendsten Komponisten, der jemals gelebt hatte. Er ließ mich Bachs Stücke nicht nur spielen, sondern hörte sich zusammen mit mir auch viele Ausschnitte aus ihnen an.

Danach holte er die entsprechenden Noten hervor und zerlegte Bachs Kompositionen so genau, dass ich die Strukturen ihres Verlaufs begreifen und nachvollziehen konnte.

Johann Sebastian Bach hat sein großes Gesamtwerk vor allem als ein Glaubender gestaltet und geschaffen. Ohne den Glauben wäre es nicht zu diesen Klanggebäuden gekommen, in denen viel zu spüren ist von der Festigkeit dieses Glaubens, aber auch davon, welche Ängste und Sorgen ihn grundieren. Es war, als nähme man sich als kleiner Mensch inständig zusammen, um sich Gottvater und seinem Sohn zu empfehlen. Man wurde darüber erst einmal sehr klein, dann aber reckte man sich langsam auf und versuchte, einen tapferen Blick hinauf zum Himmel zu werfen.

Daraus bestand das »Erdenleben«, wie Johann Sebastian Bach es komponierte: aus dem Leiden an dieser Welt und der nicht zu tilgenden Hoffnung, dass dieses Leiden sich im Glauben überwinden ließe.

Als ich sieben Jahre alt war, ging ich jeden Donnerstagnachmittag zu Erich Forneberg in die Klavierstunde. Ich musste im Wintergarten Platz nehmen, erhielt eine Tasse Tee und etwas Gebäck und durfte warten, bis der Meister und Lehrer erschien. Natürlich hatte er viel zu tun, er schrieb an einem Buch, er komponierte, oder er dachte einfach nur nach, einen Anfänger wie mich unterrichtete er lediglich, weil meine Eltern mit ihm befreundet waren.

Erich Forneberg war eine Kapazität, ein durch seine Schriften und Konzerte in ganz Deutschland bekannter Musikpädagoge, der mit seinen wulstigen Lippen und dem breiten, menschenfreundlichen Gesicht beinahe so aussah wie Bach auf dem großen Porträtbild direkt über dem Flügel. Wenn ich träumte, verwechselte ich Forneberg mit Bach und Bach mit Forneberg, sie erschienen in weiten Roben, trugen lange Perücken und fragten mich, wie viele Stunden ich in der Woche geübt hatte.

Wie sein Lehrer Walter Gieseking war auch Erich Forneberg der Meinung, dass man sich ein Stück zunächst durch Kopfarbeit erarbeiten müsse. Kopfarbeit bedeutete, das Stück auswendig zu lernen, Phrase für Phrase, nicht Takt für Takt. Also musste man kleine Sinneinheiten markieren und diese später zu einer Folge ordnen, nur das Markierte und Geordnete konnte ein konzentrierter Kopf behalten, hatte er es behalten, folgten die Finger angeblich willig, beinahe von allein, nur die Hilflosen übten ein Stück immer wieder, die Klügeren hatten es dagegen einfach im Kopf und befahlen den Fingern, es von dort abzurufen.

Da man Bachs Stücke leicht in Sinneinheiten zerlegen konnte, begann jede Klavierstunde mit Bach. Ich schloss die Augen, atmete tief durch, spielte und wurde schon nach drei, vier Takten unterbrochen, ich war nicht ruhig genug. Um Bach zu spielen, musste man ruhig sein, völlig gelassen, entspannt wie ein meditierender Mönch, nur deshalb spielten wir ja Bach zum Anfang der Stunde. Bach war innere Konzentration in ihrer Vollkommenheit, reines Erinnern von Sinneinheiten, die man im Kopf herbeiflüsterte. Wenn es gelang, bewegten die Finger sich von allein, Bach war erschienen, nichts konnte die kosmische Ordnung noch stören.

So begann ich ein zweites, drittes und viertes Mal. Dann flüsterte Erich Forneberg, und ich hatte das Gefühl, mein Geist oder meine Bach-Seele verlasse den Körper und schaue mir aus einigen Metern Distanz dabei zu, wie ich Bach spielte. Es war jedes Mal ein beunruhigender, aber auch erregend schöner Moment, als trüge man plötzlich eine ganz bequeme Kleidung statt kratzender Pullover oder als liefe man auf dem Land einen Feldweg entlang, zwischen hohen Ähren und dunkelgrünen Futtermaisstangen, die noch ein paar Köpfe größer waren als ein Siebenjähriger.

Wegen solcher Momente verehrte ich Erich Forneberg und natürlich auch Bach, und nach einiger Zeit hörten die beängstigenden Träume auf, und ich ging gern in den Klavierunterricht, der sich manchmal zu Stunden dehnte und in dem Erich Forneberg mich nie wie ein Kind behandelte. Stattdessen sprach er mit mir so, wie nach meiner kindlichen Vorstellung Bach mit seinen Söhnen gesprochen hätte, geduldig, humorvoll, nachdrücklich. Es ging um Harmonielehre, um Kontrapunkt, um Musiktheorie, Bach war dafür der absolute Meister, denn die Späteren hatten nach Fornebergs Meinung nur noch versuchen können, ihm in dieser Meisterschaft zu folgen. Es war aber nichts daraus geworden, Mozart hatte keine einzige anständige Fuge hingebracht, Beethoven hatte es nur noch mit Gewalt versucht, und Max Reger hatte sich am fünfstimmigen Fugensatz völlig überhoben.

Der Einzige, der noch wie Bach komponieren und aus einem kleinen, unschuldigen Motiv von sechs Tönen eine gewaltige Fuge schmieden konnte, war Erich Forneberg. Irgendwann würde ich es ihm nachtun. Wir saßen nicht am Klavier, um uns mit Fingerübungen zu langweilen, sondern um zu werden wie Bach: Meister in der Kunst, die Töne elegant zu verwirren und noch eleganter zu ordnen.

Fünf Jahre später konnte ich die Präludien und Fugen des »Wohltemperierten Klaviers« auswendig. Auf Verlangen spielte ich das Präludium in D-Dur in e-Moll oder die Fuge in a-Moll in Des-Dur. Ich wusste, wie man ein Seitenmotiv in einer entlegenen und doch anspielungsreichen

Nebentonart imitierte, und ich konnte den einfachen Kuckucksruf auf dem Umweg über zwölf Tonartverwandlungen wieder in einen einfachen Kuckucksruf zurückverwandeln.

Wegen meines Eifers durfte ich Erich Forneberg jetzt zu Konzertproben begleiten. Aus der ersten Reihe des leeren Zuschauerraums der Wuppertaler Stadthalle schaute ich zu ihm auf, wenn er auf das kleine Podium kletterte, den Taktstock hob und zweihundert Sängerinnen und Sänger den Atem anhielten, während sie den Dirigenten fixierten, als hätten sie ihn noch nie gesehen. Das Orchester holte aus, der Taktstock fuhr herunter wie der Zornesstab Gottes, und Bachs Passionsmusik begann, so wehmütig und doch zugleich festlich, wie Musik nur im Vorfrühling sein konnte.

»Kommt ihr Töchter, helft mir klagen …« – mit diesem gewaltigen Gesang begann die Matthäus-Passion. Ich wusste nicht, um welche Töchter es sich handeln mochte, und ich begriff erst recht nicht, wie diese Töchter es fertigbringen sollten, die Geduld zu sehen (»Sehet – was? – seht die Geduld …«), doch das alles störte mich nicht. Wenn man diesen Eingangschor hörte, zählten die Fragen und Zweifel nicht mehr. Man verabschiedete sich von den Problemen der immer kleiner werdenden, zurücktretenden Welt und begann wieder zu glauben.

Bachs Musik packte einen und zog einen hinauf, vor die Stufen des Gerichts. Die helle Tenorstimme (»Da Jesus diese Rede vollendet hatte, sprach er zu seinen Jüngern …«) zuckte wie helles, aufgeregtes Blitzen im sich allmählich verdunkelnden Raum zwischen Himmel und Erde, der warmdunkle Christus-Bass wurde von Stunde zu Stunde trauriger, ruhiger und wortloser, und Sopran und Alt versuchten, zwischen diesen beiden Extremen erklärend und manchmal auch hilflos-tröstend zu vermitteln.

Es half aber nichts, unbeirrbar zog einen die Musik weiter aus dem vor Stunden noch harmlos erscheinenden Erdendasein heraus und schob einen vor die Pforten von Himmel und Hölle. Dann der schlimmste Moment. Die Stimme des Evangelisten zitierte die Worte Jesu, dass einer der Jünger ihn verraten werde, und sie sprach weiter von den Jüngern, von denen sich nun wiederum

»ein jeglicher« fragte, ob er's denn sei? (»Herr, bin ich's?«)

In diesem Moment spielte die Passion nicht mehr zwischen Himmel und Erde, und sie war längst nicht mehr eine Sache des Glaubens. Ein Choral setzte ein und senkte einem die Akkorde wie Bleigewichte direkt in die Seele, und man saß da und schaute zu Boden, in sich gekehrt und zu sich gekommen wie der Ärmste unter den Sündern: »Ich bin's, ich sollte büßen, / an Händen und an Füßen / gebunden in der Höll ...«

Trockenes Schlucken, Entsetzen, Stille ... – selbst der Dirigent Erich Forneberg machte nun eine kleine, kaum merkliche Pause. Ich sah von der Seite, von unten, schräg zu ihm hinauf, und als ich die Tränen in seinen Augen sah, glaubte ich, dass ich keinen besseren Lehrer mehr finden würde als ihn.

Als die Probe zu Ende war, begleitete ich ihn stumm nach Hause. Und als er sich von mir verabschiedet hatte, wusste ich, dass er sich jetzt in seinen Wintergarten setzen würde, die halbe Nacht lang, und es kam mir zugleich so vor, als müsste auch ich mich irgendwo hinsetzen, allein, ins Dunkel, und als müssten wir so in unseren Dunkeln, getrennt voneinander, sitzen, um füreinander … ja, was?

Noch heute fürchte ich mich in jedem Vorfrühling ein wenig vor den Aufführungen der Bach-Passionen. Ich habe sie an vielen Orten der Welt gehört, und ich habe viele der klugen Deutungen gelesen, die über sie geschrieben wurden (etwa Günter Jenas »Das gehet meiner Seele nah« – Bachs Matthäus-Passion. München 1993). Doch das alles hilft noch immer nichts. Sobald die entscheidende Stelle des »Herr, ich bin's« kommt, verliere ich allen Verstand. Vielleicht rührt es daher, weil Bachs Musik eine Musik zu den Urszenen der kindlichen Empfindungen von Angst und Erlösung ist. In ihren großen Momenten ist sie von einer derartigen Gewalt, dass sie langes Nachfragen rigoros ausschließt.

So hat mich auch Bachs Biographie nie interessiert, ich hielt sie immer für eine Folge austauschbarer Stationen, die vor dem Hintergrund des Werks lächerlich ephemer wirkten. Bach konnte ich mir nur als einen Komponisten vorstellen, der mehr als jeder andere im absoluten Tonreich der Musik lebte, schon in meiner kindlichen Vorstellung war dieses Tonreich so etwas wie der reine, menschenferne Himmel auf Erden gewesen, ein Tonleben in den puristischen Akkordsphären von D-Dur oder e-Moll.

Der römische Glaube 1

Direkt nach meinem Abitur bin ich nach Rom gefahren. Es war mein erster Auslandsaufenthalt, den ich allein unternahm, und ich hatte vor seinem Beginn keine Ahnung, wohin er mich genau führen würde. Rom war für mich zunächst die zentrale Stadt meines Glaubens und damit die Stadt der Päpste. Von dieser Stadt aus hatte sich dieser Glaube in die gesamte Welt verbreitet, so dass der Papst an den großen Feiertagen der Stadt Rom und dem ganzen Erdkreis (»urbi et orbi«) seinen Segen erteilen konnte.

Insgeheim dachte ich aber auch daran, mich in Rom um ein Klavierstipendium am dortigen Conservatorio zu bewerben. Seit Franz Liszt lange Jahre in Rom gewohnt und dort viele Schüler gehabt hatte, war die Stadt für ihre herausragenden Klavierlehrer bekannt. Mein Traum bestand darin, für einige Zeit in die »Liszt-Schule« zu gehen, um zu schauen, ob mein Spiel sich dadurch noch weiter verbessern und ganz neue Nuancen erhalten könnte.

Meinen Aufbruch nach Rom empfand ich damals als durchaus »mutig« und wie ein Abenteuer. Zu diesem Abenteuer gehörte auch meine nicht zu unterdrückende und stets latent zu spürende Angst, ob ich mich in dieser großen Stadt zurechtfinden würde. Ich sprach kein Wort Italienisch, und ich war damals ein Einzelgänger, der sich aus lauter Angst vor der Fremde wochenlang in einer Stadt hätte aufhalten können, ohne mit einem einzigen Menschen Kontakt aufzunehmen oder länger mit jemandem zu sprechen.

Diese starke Scheu oder Zurückhaltung bedeutete aber eine große Gefahr. Es wäre, in einem ganz konkreten Sinn, durchaus möglich gewesen, dass mich Rom nicht nur sprachlos, sondern sogar stumm gemacht hätte. Während der Kinderjahre hatte ich ein solches jahrelanges Stummsein schon einmal erlebt (und mich nur mit Hilfe meines Vaters später daraus befreit). Momente des bedrohlichen Rückfalls in diese Zeiten hatte es aber mein ganzes weiteres Leben gegeben. Geriet ich in Panik, zog ich mich von meiner Umgebung zurück und igelte mich in meinem eigenen Kosmos ein. Ich sprach nicht mehr mit anderen Menschen, sondern ging ihnen, wo immer es ging, aus dem Weg.

Wäre etwas Ähnliches in Rom passiert, hätten die Folgen schlimm sein können. Ich hätte mich niemandem anvertraut, und niemand wäre dort auf mich aufmerksam geworden, um mir vielleicht zu helfen. So wäre es durchaus möglich gewesen, dass ich ausgerechnet in Rom »untergegangen« oder in ein völlig hilflos machendes Abseits geraten wäre.

All diese Ängste erwiesen sich aber bereits nach der ersten Nacht und dem ersten frühen Morgen als grundlos. Denn es geschah genau das Gegenteil von dem, was ich befürchtet hatte. Die Stadt Rom kam »auf mich zu«, wie noch keine fremde Stadt der Welt auf mich zugekommen war. Pathetisch gesagt, hätte ich behaupten können, dass sie ihre Arme ausbreitete, um mich zu empfangen. Genau so empfand ich es aber: wie einen einzigen schönen Traum, der mich, ohne dass ich mich in der Stadt lange orientierte, »traumwandlerisch« zunächst zur Peterskirche und wenig später in eine Kirche führte, in der ich, als wäre das die selbstverständlichste Sache von der Welt, die Orgel spielte. Mit diesem Orgelspiel war ich in meiner späteren »zweiten Heimat« angekommen. Rom hatte mich keineswegs ignoriert, sondern von der ersten Minute meines Aufenthaltes an wie einen Mitbürger behandelt.

In meinem Roman »Die Erfindung des Lebens« habe ich von dieser, mein ganzes weiteres Leben prägenden Nacht und dem frühen Morgen wie von einem einzigen, immer stärker werdenden Rausch erzählt. Schritt für Schritt öffnet sich die Fremde, und ihre Personen, Räume und Dinge erscheinen so, als wendeten sie sich mir zu und als hätten sie gerade auf mich gewartet.

Jetzt, ja. Ich sehe mich jetzt, wie ich zwei Tage nach dem endlich bestandenen Abitur auf der *Stazione Termini* in Rom ankomme. Ich habe nichts als meinen alten Seesack mit wenigen Utensilien dabei, und als erste Anlaufstation besitze ich nichts als die Adresse einer Kirche, die der deutschen Rom-Gemeinde gehört. Die Adresse habe ich von meinem Onkel erhalten, der mit dem Pfarrbüro der Gemeinde telefoniert und mich für den Morgen des kommenden Tages angemeldet hat.

Jetzt aber ist Nacht, es ist meine erste römische Nacht, und ich werde das wenige Geld, das ich bei mir habe, nicht für eine Übernachtung ausgeben, nein, ich werde meine erste römische Nacht im Freien verbringen. Und so gebe ich meinen alten Seesack an der Gepäckaufbewahrung ab und gehe ohne jedes Gepäck und nur mit einem kleinen Geldbetrag in der Tasche einfach los.

Ich stehe jetzt draußen im Freien, es ist kurz nach zweiundzwanzig Uhr, vor der *Stazione Termini* drängen sich die Ankommenden in die Busse und verschwinden ins Zentrum. Ich atme durch, ich bleibe stehen und schaue. Dort geht es zur Piazza della Repubblica, ja genau, und dort drüben ist das Thermenmuseum. Vor dem Bahnhof ballt sich eine wohltuende Wärme, die nach der langen Zugfahrt beruhigend wirkt. Ich gehe ein paar Schritte, spüre aber, dass mich etwas davon abhält, immer weiterzugehen. Ich habe es nicht eilig, ich habe Zeit, mich hier in der Nähe des Bahnhofs auf eine Bank zu setzen und nichts anderes zu tun, als zu schauen. Es sind etwa zweihundert Meter bis zur Piazza della Repubblica, einem kreisrunden Platz mit einer großen Brunnenanlage. Von dort geht der Blick einen breiten Corso hinab in die vom gelben Straßenlicht durchfluteten Häuserschluchten. Der unermüdlich fließende Verkehr. Die Kaffeearomen in der Nähe der Brunnen. Die hohen Pinien mit ihren hellbraunen, gefleckt im Neonlicht schimmernden Stämmen.

Ich setze mich auf eine Bank, es ist eine breite, kühle Marmorbank ohne Rückenlehne, es ist eine Bank für mindestens sechs Personen, die ringsum auf ihren Rändern sitzen könnten. Ein junges, schwarzhaariges Mädchen in einem fleckigen weißen Kleid setzt sich zu mir und bettelt um etwas Geld. Ich mache ein paar Zeichen: Ich habe kein Geld, und außerdem bin ich stumm. Ich bin eine stumme, beinahe mittellose und hungrige Person. Sie starrt mich an und schüttelt den Kopf. Ich begreife nicht, was sie von mir will, ich verstehe kein Wort von dem, was sie sagt. Sie legt ihre rechte Hand auf meine Schulter, als müsste sie mich beruhigen, dann verschwindet sie.

Später erscheint sie plötzlich wieder, jetzt hat sie eine kleine, armselige Tasche dabei. Sie stellt die Tasche neben mir ab, holt zwei Gläser hervor und füllt sie aus einer großen bauchigen Flasche mit Wein. Sie sagt kein Wort, sie deutet auf die beiden Gläser, ich nehme eines in die Hand, wir trinken. Sie fragt mich etwas, ich nicke, sie fragt mich weiter, ich mache eine hilflose Geste, dann trinken wir aus, und sie verschwindet blitzschnell hinter meinem Rücken ins Dunkel.

Ich sitze und schaue weiter, ich bin ganz ruhig, es ist seltsam, aber ich habe nicht das Gefühl, an einem fremden Ort angekommen zu sein. Woher kommt das? Warum fühle ich mich nicht fremd? Was ist mit dieser Stadt? Ich sitze da, als könnte ich mich nicht von der Bank lösen, bevor ich diese Fragen nicht beantwortet habe. Irgendetwas ist seit meiner Ankunft geschehen, aber ich verstehe nicht, was es ist. Ich spüre nur, dass ich anders als bei meinen sonstigen Fluchten und Reisen weder eine gewisse Anspannung noch irgendeine Unruhe empfinde, im Gegenteil, ich fühle mich leicht, unbeschwert, ja, kurz davor, etwas zu singen. Ich will singen? Wieso will ich singen? Was, verdammt noch mal, ist denn bloß mit mir los?

Endlich stehe ich auf, überquere den Platz und gerate unter die hohen Arkaden eines Cafés. Die Menschen sitzen draußen im Freien, niemand nimmt von mir Notiz, ich kann an all diesen kleinen Tischen entlanggehen, ohne beachtet zu werden. Und wie ist es drinnen? Ich gehe in das Café und setze mich an die lange Theke der Bar, ich will etwas auf mein Wohl trinken, ja, ich will diesen einzigartigen Moment feiern, meine Freude, meine Erleichterung.

Als die Bedienung kommt, mache ich eine Trinkgeste und deute an, dass ich stumm bin. Seltsamerweise lächelt der Kellner und greift nach einer Flasche, die er mir hinhält. Wasser? Nein, ich schüttle den Kopf. Wein? Ja genau, ich strecke den rechten Daumen hoch, Wein, ein Glas. Er versteht mich, füllt ein Glas und schiebt es mir hin. Er will wissen, ob ich ihn verstehen kann, er fragt mich mit einer Geste beider Hände, ob ich taub bin. Ich bleibe ernst und verneine die Frage mit einem Kopfschütteln, nein, ich bin nicht taub, ich bin stumm. Er nickt und lächelt wieder, er hat mich verstanden. Ich greife nach dem Glas und trinke, der Wein schmeckt beinahe genauso wie der, den mir das junge Mädchen angeboten hat. Es ist ein leichter, unmerklich perlender Weißwein, wie ich ihn noch nie getrunken habe. In Deutschland habe ich fast überhaupt keinen Wein getrunken, und in Deutschland wäre ich nie auf den Gedanken gekommen, ein solches Café zu betreten und dort ein Glas Wein zu trinken.

Warum aber hier, in Rom? Warum bin ich gerade ohne jedes Nachdenken in dieses Café und weiter an seine Bar gegangen? Ich erkenne mich nicht mehr wieder, nein, ich handle nicht mehr so, wie ich sonst immer gehandelt habe. Irgendetwas ist passiert, aber ich komme immer noch nicht darauf, was es sein könnte. Ich sitze regungslos an der Theke, als müssten mir jetzt endlich Antworten auf meine Fragen einfallen, es ist ein beinahe zwanghaftes Sitzen, denn ich spüre, dass ich ganz nahe an einer möglichen Antwort bin.

Drinnen im Café ist es angenehm kühl, ich leere mein Glas und will bezahlen. Der Kellner aber winkt ab, es ist so in Ordnung, ich brauche nicht zu bezahlen, anscheinend hat der stumme Mensch, als der ich aufgetreten bin, ihn gerührt. Ich schaue auf die Preisliste hoch oben hinter der Theke und erkenne, dass ein Glas Wein nicht viel kostet. Einen so geringen Betrag kann ich bezahlen, ja, das geht. Ich hole das Geld hervor, der Kellner macht eine abwehrende Geste, aber ich bezahle, denn ich will von meiner Notlüge nicht auch noch profitieren.

Als ich den Caféraum verlasse und wieder draußen unter den Arkaden stehe, habe ich die Ankunft hinter mir. Wie leicht und schön es war, in Rom anzukommen! Und wie leicht mir hier alles fällt! Ich spüre mich kaum noch, ich habe fast keine Erinnerung mehr daran, wie umständlich und schwer alles einmal war! Ist das Freude? Reine Freude? Ist das, was ich gerade empfinde, nicht die reinste, unbeschwerteste Freude?

Als sich die Fragen und Gedanken so zuspitzen, spüre ich eine plötzliche Hitze im Kopf. Es ist wie ein glimmendes Kribbeln, wie ein sich entzündendes kleines Feuer, das Flammen nach allen Seiten sprüht. Was ist mit mir? Ich verlasse den Arkadenbereich rasch und eile zurück zu der Marmorbank, auf der ich zuvor gesessen habe. Ich zwinge mich, jetzt an nichts Schlimmes zu denken, aber es geht schon, die Hitze lässt bereits nach. Ich brauche mich nicht zu beunruhigen, nein, ich brauche es nicht. Und warum nicht? Weil ich fort bin, ja, ich bin fort, ich lebe nicht mehr in dem Land, in dem ich so viel Angst ausgestanden habe, *ich bin fort.*

Als sich diese drei Worte immer wieder in meinem Kopf wiederholen, verstehe ich plötzlich, was seit meiner Ankunft in Rom geschehen ist. Ich fühle mich frei, ja, das ist geschehen, die Ankunft in Rom ist verbunden mit dem Gefühl einer einzigen, großen Befreiung. Niemand umkreist mich, nichts rückt mir auf den Leib, man lässt mich *in Ruhe*, zum ersten Mal in meinem Leben lässt man mich ganz und gar in Ruhe. *Ich bin fort*, murmle ich und sage dann den ersten lauten Satz in der Ewigen Stadt: *Johannes, Du bist jetzt fort! Und weiter: Ich bin draußen, ich habe es endlich geschafft.*

Als ich höre, wie ich das alles sage, und als sich die Sätze mit dem Anblick der herrschaftlich schönen und weiten Kulisse verbinden, ist aber nun doch alles zu viel. Verdammt! Ich sitze auf einer römischen Senatorenbank, und mir kommen die Tränen. Nicht einmal ein Taschentuch habe ich dabei, nicht einmal das! Und warum hört das Weinen nicht auf, warum nicht?

Es gibt nichts mehr zu weinen, es gibt hier keinen Grund für viele Tränen, Weinen und Tränen haben doch mit Schmerzen zu tun, aber ich empfinde hier keinen Schmerz. Nein, verdammt, wirklich nicht! Keinen Schmerz! Ich bin schmerzfrei! Zum ersten Mal in meinem Leben habe ich das Gefühl, vollkommen schmerzfrei zu sein! Und deshalb ist jetzt auch Schluss mit den Schmerzgesten. Auch von den Schmerzgesten bin ich nämlich befreit. Kein Stummentheater mehr, überhaupt kein Theater der Hilflosigkeit! Schluss mit der Pantomime! Sag es noch einmal, sag es laut: *Johannes, Du bist in Rom!*

Ich schlucke und schlucke, während das Weinen nicht aufhören will. Es ist aber kein richtiges Weinen, sondern eine Art Strömen, ein ununterbrochenes Strömen von Tränen. Sie sickern aus meinen Augen wie ein Rinnsal, als könnte ich nichts dagegen tun. Und es stimmt, ich habe keinen Einfluss auf dieses Fließen, denn es kommt von einem mir unzugänglichen Zentrum im Kopf, in dem sich gerade einiges klärt. Bald wird das alles vorbei sein. Dann werde ich hinüber zu dem großen Brunnen gehen und mein Gesicht waschen. Und danach werde ich hinab in die Stadt gehen, und wenn ich Lust habe zu singen, werde ich, verdammt noch mal, singen! …

Etwas später habe ich mir das Gesicht mit dem Wasser des großen Brunnens gewaschen und gehe wirklich den breiten Corso hinab in die Stadt. Von einem der römischen Hügel gehe ich hinab in die römische Ebene. Dort sind die Kaiserforen, und dort hinten, das ist das Kolosseum. Ich gehe eine breite, nur noch wenig befahrene Straße an den Kaiserforen entlang auf das Kolosseum zu. Ich bleibe nicht vor ihm stehen, sondern umrunde es langsam. Von den sandigen Höhen, die es umgeben, weht ein weicher Kieferngeruch. Überall verstreut auf dem Boden liegen die Nadeln, braun und von der Sonne verbrannt. Der römische Teppich, der Teppich aus Pinien- und Kiefernnadeln.

Ich will jetzt nirgends lange verweilen, sondern eine nächtliche Spur durch die Ewige Stadt ziehen. Deshalb bewege ich mich einfach weiter und gehe die breite Straße zurück. In den dunklen, kaum angestrahlten Ruinen- und Tempelzonen brennen kleine Feuer. Ich sehe Menschen hin und her huschen, aber ich kümmere mich nicht weiter darum. Mein Ziel ist der Corso, die breite Gerade, die das römische Herz der alten Wohngegenden wie ein scharfer, massiver Hieb durchschneidet. Ich gehe auf einen fernen Obelisken zu, ich habe ihn fest im Blick.

Ich bin jetzt sicher, dass mir das, was mir eben passiert ist, nicht noch einmal passieren wird. Eine leichte, wunderbare Leere ist in mir, sie ist ein Zeichen dafür, dass ich keine Schmerzen mehr habe. Rechts und links, in den Seitenstraßen des Corso, sitzen die Menschen an kleinen Tischen und essen. Es ist weit nach Mitternacht, aber in diesen von kleinen Öllampen erleuchteten Seitenstraßen wird noch immer gegessen. Wie gerne würde ich mich jetzt dazusetzen! Irgendwann wird das möglich sein, irgendwann werde ich etwas Geld haben, um mich mitten in einer römischen Nacht mit ein paar Freunden an einen Tisch setzen zu können. Denn, jawohl, ich werde in Rom Freunde haben, das weiß ich. Seit ich in Rom unterwegs bin und die nächtliche Stadt durchstreife, weiß ich genau, dass ich hier zum ersten Mal in meinem Leben richtige Freunde haben werde. Ich werde mit ihnen essen und unterwegs sein, ich werde ein römisches Leben führen.

Als ich den fernen Obelisken erreicht habe, biege ich linker Hand Richtung Tiber ab. Dort muss der Tiber sein, und dort ist wahrhaftig der Tiber. Ich habe den Plan der römischen Innenstadt genau im Kopf, ich sehe ihn vor mir, Vater wäre stolz, wie genau ich den römischen Stadtplan im Kopf habe. Und wo ist Norden? Ich weiß genau, wo Norden ist, etwas nördlich des großen Obelisken muss sich die Milvische Brücke befinden, an der Konstantin gesiegt hat. Ich werde mir irgendwann einen ganzen Tag und eine Nacht Zeit für diese Brücke nehmen. Jetzt, da ich auf den dunklen Tiber in der Tiefe blicke, ahne ich, wie es an der Milvischen Brücke aussieht. An den tiefliegenden, breiten Ufern werden Feuer brennen, und die Bogen der alten Brücke werden im Wasser matt schimmern.

Ich gehe aber nicht nördlich, sondern mit der Strömung des Flusses. Die hoch liegenden Uferstraßen werden von mächtigen Platanen gerahmt. Allmählich lässt der Verkehr nach, ich passiere mehrere Brücken, und dann, unerwartet, nach einer kleinen, unmerklichen Krümmung des Flusses, ist es so weit: Ich sehe die Peterskirche, ich sehe sie jenseits des Flusses, ich sehe die ausatmende, mächtige, ruhende Kuppel und das schwache, letzte Licht in ihrer schmalen Laterne hoch oben. Das Bild, das ich sehe, erscheint unglaublich entrückt, denn das, was ich nun sehe, ist keine Kirche mehr, sondern wirkt wie ein unbetretbares Jenseits. Wer hat das gebaut? Hat das überhaupt jemand gebaut? All das, was ich sehe, wirkt so makellos schön und so stimmig, als handelte es sich um eine Verkörperung der Schönheit selbst, um eine Verkörperung ihrer Idee, wie das Maß aller Dinge. Ich kann diesen Bau nicht in seinen Einzelheiten betrachten, sondern sehe ununterbrochen das Ganze, und dieses Ganze erscheint wie ein Modell.

Ich gehe über die Engelsbrücke hinüber zur Engelsburg, passiere sie aber, ohne sie weiter zu beachten. Dann biege ich auf die menschenleere Straße ein, die direkt auf die Peterskirche zuführt. Ich schaue auf die Uhr, es ist kurz nach zwei, mitten in der Nacht. Gleich werde ich den Petersplatz erreichen. Das große Oval liegt im Dunkel, nur die beiden Brunnen rauschen noch leise. Ich gehe auf den Obelisken zu und setze mich auf die Stufen, die zu seiner Basis führen. Ich habe die Peterskirche jetzt im Blick, das Hauptportal, die Loggia, die beiden Uhren, die Apostel Petrus und Paulus zu beiden Seiten und die ausschwingenden Kolonnaden. Hier werde ich eine Weile sitzen, hier werde ich das erste Licht abwarten.

Seltsam, dass ich nicht müde bin. Ich habe eine lange Zugfahrt hinter mir, komme mir aber vor, als wäre ich vollkommen frisch und bereits seit vielen Tagen hier. Lange habe ich nichts gegessen, aber das macht nichts. Ich habe zwei Gläser Wein und hier und da Wasser aus einem Brunnen oder einem der Wasserspender an den Straßen getrunken. Ich habe das starke Summen der Stadt noch in den Ohren, jetzt aber verebbt es langsam. Das vereinzelte Quietschen von Busbremsen. Der Windhauch, der lange auf dem Platz kreist und dann durch die Kolonnaden abzieht. Die klar leuchtenden Sterne, hinter die Kuppel gespannt, wie Leuchtsignale auf schwarzem Tuch. Ich lehne mich zurück gegen die Basis des Obelisken, ich strecke die Beine aus, was höre ich denn, ah, das ist es also, was ich höre, ich höre den alten Gesang: *Deus, in adjutorium meum intende / Domine, ad adjuvandum me festina …* – zwei-, dreimal höre ich dieses Summen, wie einen Refrain meines ersten römischen Spaziergangs. Herr, ich danke Dir, dass Du mich hierher geführt hast, Herr, ich danke Dir! Der Herr ist mein Hirte, mir wird nichts mangeln, auf grünen Auen lässt er mich lagern; an Wasser mit Ruheplätzen führt er mich …

Ich sitze wahrhaftig bis zum Morgengrauen. Da kenne ich die breite Fassade der Peterskirche bis ins letzte Detail. Ich habe gesehen, wie sie weich wurde von der Wärme der Nacht, wie sie nachgiebig schwankte und in der morgendlichen Frühe wieder zu erstarren begann. Ich stehe auf und laufe auf dem weiten Platz ein paar Runden, sehr langsam, immer an den Kolonnaden entlang. Dann setze ich mich ab und folge weiter dem Fluss. Zu meiner Rechten führt eine Straße steil in die Höhe, das ist gut, ja, es könnte schön und genau das Richtige sein, jetzt diesen Hügel hinaufzugehen, um von dort oben auf die morgendliche Stadt zu schauen. Eine Kirche, eine Pinienallee, zwei Hunde, die mir voranlaufen.

Oben, auf der Höhe des Hügels, liegt mir die Stadt im dünnen Morgenlicht zu Füßen. Die Häuser und Bauten wie geduckt, und darüber die Kuppeln der vielen Kirchen. Die Kirchen werden mir ein gutes Zuhause sein, ja, das ahne ich schon.

Immer, wenn ich für einen Augenblick ein gutes Zuhause brauche, werde ich in eine der vielen Kirchen gehen. Sitzen, warten, ein Gebet sprechen, vielleicht aber auch schauen, ob es eine Orgel gibt, auf der ich spielen kann.

Wie leicht wird es sein, in dieser Stadt zu leben, ganz leicht. Eine Kirche, ein Café, eine Unterhaltung, noch eine Unterhaltung, diese Stadt ist wie für mich geschaffen, einerseits lässt sie mich vollständig in Ruhe, und andererseits bietet sie mir alles, was ich brauche. Das, was ich brauche, ist einfach vorhanden, an jeder Ecke, es steht da zur freien Verfügung.

So müssten alle Städte gebaut sein, nicht zu hoch, mit ihren Häusern in eine Flusskrümmung geschmiegt, alles dicht, sehr dicht beieinander, viele kleinere Plätze, Pinienalleen, ein Kranz von Hügeln und überall unerwartete Orte der Stille. Und viele Kirchen, an jedem Platz eine Kirche. Im Grunde ist das Zentrum Roms leicht zu überblicken, es ist nicht allzu groß, es ist eine weite, verstreute Sonnenlandschaft mit einigen Thronsitzen und Aussichtsterrassen.

Ich setze mich auf eine Balustrade und lasse die Beine baumeln. Ich versuche, einige der vielen Bauten zu erkennen. Kurz schließe ich die Augen und lasse den römischen Stadtplan vor meinem inneren Auge entstehen, um in Gedanken ein Stück durch Rom zu wandern. Hier unterhalb, das muss das Viertel Trastevere sein, und dort oben, zur Rechten, das ist der Aventin mit seinen Klöstern. Was die Patres wohl sagen würden, wenn sie mich hier sähen! Einer von ihnen hat einmal vermutet, dass aus mir noch ein Priester oder sogar ein Mönch werden könnte. Jetzt kann aus mir aber kein Priester mehr werden, diese Versuchung habe ich hinter mir.

Als wenige Meter von mir entfernt eine kleine Bar geöffnet wird, gehe ich sofort hin. Der Mann hinter der silbernen, gerade sauber gewischten Theke begrüßt mich leise, und ich murmle die Klanglinie nach, die ich gerade gehört habe, ohne ein Wort zu verstehen. Er fragt mich etwas, wahrscheinlich nennt er den Namen eines Getränks, ich wiederhole, was er gesagt hat, und sofort beginnt er, sich um mein Getränk zu kümmern.

Es kommt wenig später in einer großen weißen Tasse und duftet nach einem starken Kaffee. Seine Oberfläche aber ist mit dichtem Milchschaum bedeckt. Etwas Kakao? Ja, das habe ich jetzt sogar verstanden, etwas Kakao!

Es ist ganz einfach, mit diesem Mann zu sprechen, er baut sich nicht vor mir auf und macht aus mir keinen sprachlosen, fremdsprachigen Clown, nein, er bietet mir laufend Bruchstücke seiner eigenen Sprache an. Ich muss nur genau hinhören und sie aufschnappen und sie dann wieder zurückgeben.

Ich habe verstanden, ich habe bereits ein wenig verstanden, wie das Italienische geht. Das Italienische geht vollkommen anders als das Deutsche. Es ist ein Geben und Anbieten von Sätzen, die das Gegenüber dann wieder zurückgibt. Was der eine sagt, greift der andere auf, dreht es um eine Nuance und sagt dann den Satz leicht verändert noch einmal. Und so geht es weiter und weiter, ohne Pause. Es ist mit einem guten Duett zu vergleichen, mit Gesang und Gegengesang. Das Deutsche aber ist anders. Im Deutschen sagt einer einen Satz, um den Satz irgendwo in die Landschaft zu stellen und dort stehen zu lassen. Danach ist es still. Derjenige, der antwortet, sagt einen anderen Satz und stellt ihn in etwas größerer Entfernung ebenfalls in die Landschaft. So ist zwischen den Sätzen viel Raum und viel Schweigen.

Ich tauche die Lippen in den weichen, porösen Milchschaum und nippe an dem Getränk. Durch die dichte Milchdecke sauge ich an einem sehr starken Kaffee, dessen Wirkungen ich sofort spüre. Nach dem zweiten Schluck ist jede Müdigkeit verflogen, und ein wohltuendes Leben durchströmt den ganzen Körper. *Acqua?,* fragt der Mann hinter der Theke, und ich sage: *Acqua!* Latein ist die höflichste Sprache überhaupt, Latein ist uneitel, sanft, geduldig und hilfreich, so wie jetzt, wo ich es einfach verwenden kann, um zu sagen, dass ich Durst habe.

Ich trinke die Tasse Kaffee leer und anschließend noch das Glas Wasser, ich zahle, der Kellner schaut nicht lange auf und verabschiedet mich wieder mit einem Gruß. Wir sprechen so leise miteinander, als befänden wir uns in einer Kirche oder als dürften wir niemanden stören oder als wären wir alte Freunde. Im leisen, vorsichtigen Sprechen des Kellners ist von alldem etwas, und darüber bin ich denn doch so erstaunt und verwundert, dass ich beim Abgang hinab in die Ebene vor mich hin summe. Nein, ein Sänger werde ich gewiss nicht mehr werden, aber ich werde in dieser Stadt ein guter Pianist werden, ja, auch das weiß ich jetzt bereits genau. Und wieso weiß ich das? Und was soll das heißen, dass ich in dieser Stadt ein guter Pianist werde?

Ich bin gerade unten in der Ebene auf einem Platz angekommen, wo viele Marktstände aufgebaut sind und längst Gemüse und Obst, Käse, Wurst und Brot verkauft werden. Moment, einen Moment! Was habe ich gerade gedacht? Ich werde in dieser Stadt ein guter Pianist werden! Ja und? Und was heißt das? Das heißt, mein Gott, das heißt, dass ich nicht für zwei Wochen in die Ewige Stadt gereist bin, nein, auch nicht für drei. Ich bin hierher gereist, um ein guter Pianist zu werden, deshalb bin ich hierher gereist. Das hier ist also keine

Ferienreise, sondern eine Reise dorthin, wo aus mir ein guter Pianist werden wird.

Ich werde also hier in Rom mein Studium beginnen, natürlich, das ist jetzt bereits klar. Ich werde diese Stadt nicht wieder verlassen, nein, ich werde sie auf keinen Fall wieder verlassen, sondern mich hier um einen Studienplatz bewerben. Dass ich diese Idee nicht längst hatte! Aber ich konnte diese Idee ja noch gar nicht haben, weil ich diese Stadt ja noch nicht so kannte, wie ich sie jetzt bereits kennengelernt habe. Nach meiner ersten römischen Nacht ist jedoch alles anders. Ich gehe hier nicht mehr weg, denn ich bin genau an dem Ort und in der Stadt angekommen, wo ich nun hingehöre. Ich gehöre nach Rom, für ein Jahr, für zwei Jahre, vielleicht sogar für immer.

Ich lache, ich kenne mich nicht mehr wieder. In mir ist eine Ausgelassenheit, wie ich sie noch nie erlebt habe. Was habe ich mir für unnötige Sorgen gemacht, wie falsch habe ich jahrelang darüber gegrübelt, ob es mit mir im Ausland gut ausgehen würde. Was für ein Unsinn ist das alles gewesen, was für ein merkwürdig verschrobenes, verqueres Denken! Rom ist doch gar kein Ausland, ach was, Rom ist das eigentliche Inland, ja, *Rom ist das Inland.*

In der Mitte des Marktes trinke ich an der Theke einer Bar erneut einen Kaffee und esse dazu eine Art von Croissant, für die ich keinen Namen habe. Im Französischen sagt man *Croissant*, doch dies hier ist kein Croissant, sondern die Variation eines Croissants. Sie ist noch warm und schmeckt nach einem Hauch duftender, guter Butter, die sich jedoch ganz in den Teig verzogen hat. Der Milchschaumkaffee und die Variation eines Croissants, das werde ich jetzt jeden Morgen essen, das reicht, damit werde ich ein paar Stunden auskommen.

Es wird heller und heller. Das Sonnenlicht glimmt zunächst oben an den Giebeln der Häuser und fällt dann hinab in die Schluchten. Auf dem Marktplatz wälzt es sich bereits zwischen den Ständen. Die Menschen bewegen sich nicht besonders schnell, sie sprechen unaufhörlich miteinander, aber nie allzu lange, sondern meist nur ein paar

Minuten, danach setzen sie ihren Weg fort. Was gäbe ich darum, mich einmal so unterhalten zu können! Im Grunde ist auch diese Art von Unterhaltung wie für mich geschaffen! Kein Ausfragen und Anstarren, keine schweren Einzelsätze, in die Landschaft platziert! Stattdessen ein Auftakt, eine Wiederholung, eine Variation, ein Abgesang! So etwas könnte ich sogar lernen, ja, bestimmt, nach einer Weile werde ich so etwas ebenfalls können. Vielleicht ist das Italienische die einzige Fremdsprache, die ich am Ende einmal wirklich beherrschen werde. Vielleicht.

Ich überquere den Tiber und sehe die Kuppel der Peterskirche jetzt aus der Entfernung. Seltsam, sie schrumpft nicht, im Gegenteil, sie bleibt immer dieselbe noble, ideale Erscheinung, ob man sie nun aus der Nähe oder der Ferne betrachtet. Sicher liegt der Konstruktion dieses Baus ein Geheimnis zugrunde, anders kann ich mir seine Wirkungen auf den Betrachter nicht erklären. Ich werde Zeit haben, das herauszubekommen, vielleicht werde ich sogar Zeit haben, neben meinem Klavierstudium noch Kunstgeschichte zu studieren.

In Rom Kunstgeschichte zu studieren – auch auf diese sehr naheliegende Idee bin ich in Deutschland nicht einmal gekommen. Jetzt aber habe ich einen Plan, ein Projekt, eine Zukunft. Was ich nun noch brauche, ist ein preiswertes, gutes Quartier. Ein einfaches Zimmer mit einer schmalen, flachen Liege, einem Tisch, einem Schrank. Mal sehen, immerhin habe ich eine Adresse, die Adresse der deutschen Gemeinde in Rom. Ihre Kirche liegt ganz in der Nähe der Piazza Navona.

Wenig später erreiche ich die Piazza, und als ich sie betrete, werde ich von dem Eindruck erneut überwältigt. Ich nähere mich durch eine schmale Gasse und stehe dann plötzlich mitten im Licht einer weiten, ovalen Öffnung. Ein Haus fügt sich nahtlos ans andere, so dass der Platz wie die Bühne eines Theaters erscheint und die Häuser ringsum wie Kulissen. Drei Brunnen messen die Länge des Platzes aus. Ein wenig erinnert das alles an den ovalen Platz vor unserem Kölner Wohnhaus, nur dass dort die Häuser von sehr unterschiedlicher Größe waren und daher keinen homogenen Eindruck erweckten. Ich gehe bis zur Mitte und setze mich an den Rand des größten Brunnens. Direkt gegenüber befindet sich eine Kirche. Der Platz ist fast vollständig leer, selbst die umliegenden Cafés sind noch nicht geöffnet. Das Sonnenlicht füllt ihn in seiner vollen Länge, der Platz badet bereits in diesem Licht.

Ich sitze eine Weile auf dem Brunnenrand und frage mich, wann ich jemals so glücklich gewesen bin wie gerade jetzt. Und wodurch entsteht dieses Glück? Durch das Licht, durch die großzügige Wohnlichkeit all dieser Räume und dadurch, dass ich weder an die Vergangenheit noch an die Zukunft denke. Ich lebe jetzt, in diesem Augenblick, ich bin hier, nun muss ich nur noch die ersten Kontakte knüpfen.

Die Kirche der deutschen Rom-Gemeinde liegt nur wenige Schritte entfernt. Ich mache mich auf den Weg dorthin und biege in eine kleine Gasse ein, ja, es sind wirklich nur wenige Schritte. Da ist die Kirche, Santa Maria del Anima, ich habe sie gleich entdeckt. Ich gehe hinein, es ist kurz nach acht, anscheinend hat bereits ein Frühgottesdienst stattgefunden, der Weihrauchduft ist noch sehr stark.

Ich setze mich in eine Bank und schaue mir alles an. Da bleibt mein Blick an der kleinen Chororgel neben dem Altar hängen. Es ist eine Orgel, wie man sie zur Begleitung des Gesangs der Gemeinde benutzt, es ist eine Gottesdienstorgel, in der Klosterkirche habe ich oft auf einer solchen Orgel gespielt. Ich kann die starke Anziehung, die von ihr ausgeht, nicht unterdrücken. Ich gehe hin und nehme an ihr Platz, ich beginne, auf ihr zu spielen, ich sitze an meinem ersten römischen Morgen in der Kirche Santa Maria del Anima und spiele die Orgel.

Nach wenigen Minuten erscheint ein Priester. Er unterbricht mich nicht, nein, er macht sogar ein Zeichen, dass ich zu Ende spielen soll. Ich spiele einen Choral von Johann Sebastian Bach, ich spiele den alten Choral *Jesu bleibet meine Freude*, es ist ein Stück, das ich immer wieder von großen Pianisten gehört habe, so etwa von Dinu Lipatti, der es am ergreifendsten in seinem letzten Konzert kurz vor seinem Tod gespielt hat.

Als ich den Choral beendet habe, stehe ich auf, gehe auf den Geistlichen zu und spreche ihn auf

Deutsch an. Ich erkläre ihm, wer ich bin und was mich in diese Kirche geführt hat. Der Geistliche spricht ebenfalls Deutsch, er gibt mir die Hand und fordert mich auf, ihn in die Räume des Konvents zu begleiten, die an die Kirche angeschlossen sind. *Sie spielen sehr gut,* sagt der Geistliche und geht etwas voran. Dann aber bleibt er mitten im Gehen stehen und dreht sich noch einmal nach mir um: *Hätten Sie Zeit und Lust, in unseren Frühgottesdiensten werktags diese Orgel zu spielen?*

Ich schaue ihn an, ich glaube, nicht richtig zu hören. Dann aber antworte ich: *Ja, ich habe Zeit und Lust, die habe ich natürlich auch. Wenn Sie wollen, kann ich schon morgen früh anfangen.*

Der römische Glaube 2

Während meines ganzen Lebens bin ich dann immer wieder nach Rom gereist und habe die Papststadt während all dieser Aufenthalte nicht nur wie eine sehr vertraute, sondern auch wie eine sich mir laufend anders darstellende Stadt empfunden. So dachte ich während eines längeren Aufenthalts Anfang der neunziger Jahre häufig darüber nach, worin »das Katholische« eigentlich bestehe. In dieser Zeit las ich viele philosophische und theologische Texte, denn solche Texte schienen mir besser zu Rom zu passen und viel mehr zu dieser Stadt zu gehören als alle Erzählungen, Romane (und erst recht als alle Gedichte).

Gleichzeitig aber lebte der alte, naive Kinderglaube, der nicht viel von theologischen Debatten hielt, in mir weiter. Und so »disputierte« ich als beinahe Vierzigjähriger längere Zeit mit dem Kind, das ich einmal gewesen war. Ich ahnte aber, wer in diesem Disput am Ende gewinnen würde. Bei jedem meiner zahllosen Kirchenbesuche erwachte das Kind in mir wieder mit wachen und begeisterten Augen, und wenn ich vor einem der großen Bilder (wie etwa einer Kreuzigung des Malers Guido Reni in der Kirche San Lorenzo in Lucina) stand, besiegte die Schaulust jedes sich an abstrakten Begriffen orientierende Fragen.

Der Disput zwischen den beiden Gestalten in mir ist den Aufzeichnungen, die ich damals machte, genau anzumerken. In einem einzigen Tagebuchtext schreibe ich über mich zunächst in der Er-Form (und bin dann ein kluger und abwägender Theoretiker) und darauf in der Ich-Form (und verwandle mich dann wieder in das Kind, das den Worten des verehrten Papstes begeistert lauscht).

Langsam wird er wieder katholisch. Gedanklich hatte er sich von seiner Kindesreligion seit Jahrzehnten entfernt, vielleicht ist er aber in seiner Seele so etwas geblieben wie ein zeitfremder Katholik des Mittelalters, ein lateinisch sprechender

Mönch, mit vielen Zweifeln und klugen Bedenken, letztlich aber doch auf der Seite des Glaubens. Vielleicht rumort in seiner dunklen Innenwelt die Schärfe solch bohrender Fragen wie der, ob Gottes Nicht-Sein gedacht werden könne, und vielleicht lebt er in geheimem Gespräch mit solchen Edlen wie Anselm von Canterbury oder Gaunilo von Marmoutiers, die am Ende des 11. Jahrhunderts gerade darum sich stritten.

Wahrscheinlicher aber ist, dass seine Seele von derartigen Fragen nur selten bewegt wird, dass sie eine Art Brunnenwesen ist, oder, besser gesagt, ähnlich dem verborgen schimmernden Bild des Wassers in der Tiefe des Brunnens. Etwas Meister-Eckhartsches haftet an seiner Seele, eine Freude an Sprachmagie, dinglichen Worten, eine unergründliche Anziehung, die von stillen Bildern ausgeht und von der Inspiration frei schwebenden Klangs.

Und, seltsam genug, gerade damit warten die römischen Kirchen ihm auf, wenn er etwa am Abend in einen Kreuzgang gerät und der einzige Besucher dort ist, wenn er zwischen den schmalen Säulchen von SS. Quattro Coronati einen kühlen

Schattenplatz sucht und auf den alten, graufremden Brunnen aus dem elften Jahrhundert starrt, aus der Zeit Paschalis II., wenn er in einen Spätgottesdienst findet, zufällig, in S. Croce, und rasch bemerkt, dass man in der großen Kirche jetzt, eingerechnet den Priester, zu dritt ist und man daher auch von ihm eine Stimme erwartet, die das schöne Gotteshaus füllt.

Ob willentlich oder nicht – in solchen Momenten beginnt er zu singen, er lässt diese winzigen Gemeinden nicht im Stich, vielleicht regt sich in ihm auch ein verdächtig alter Gehorsam, der Gehorsam der Kindertage, der sich den Ritualen unterwarf, stillschweigend und opferbereit.

Anfangs hat er diese inneren Szenen noch mit seiner kunstgeschichtlichen Schaulust in Verbindung gebracht, mit dem Vergnügen, auch die unscheinbarsten Kirchen genau zu kennen, Halt zu machen vor ausgemalten Seitenaltären oder aufzuschauen zu geschickt inszenierten Scheinkuppeln.

Allmählich jedoch hat er an sich ein seltsames Ausharren festgestellt, ein immer ruhiger werdendes Warten, das oft überging in eine offene, zumindest kurzfristige Teilnahme an rituellen Handlungen. Irgendetwas zwang ihn da, noch einmal hinzuschauen, und obwohl er keiner dieser Handlungen ihren kirchlichen Sinn zugestand, zeigte er sich verführt dazu, dem nachzuhorchen, als müsste er in den fernen Echos dieser Gesänge und Gebete die ihm eigenen Sätze begreifen.

In der dunklen Nacht des Karfreitags ertappte er sich sogar dabei, dem Papst zu folgen, der aus der schwarzen Höhle der angestrahlten Kolosseumsfestung herausfand, um sich mit dem Kreuz auf die Heidenstätte des Forums zu begeben. Um so entsetzter war er, als er nach Ende dieser archaischen Zeremonien beim Überqueren einer Straße der privaten Erscheinung dieses Menschen begegnete, die zusammengesunken und totenbleich in einem hell aufschimmernden Mercedes saß, als sei sie zermürbt und vernichtet von den unklug beschworenen Geistern.

Im Grunde, dachte er plötzlich, sehnt er sich nach der puristischen Schönheit des Glaubens, nach dem Zusammenspiel von Gebäuden, Gesängen und Worten, nach einem trinitarischen Dreiklang aus früher Romanik, Gregorianik und lateinischer Demut.

Vielleicht galt all sein Ergründeln also letztlich doch nur einer phantastisch zusammengesetzten Ästhetik, dem Trugbild eines europäischen Mittelalters aus prachtvollen Museumsstücken. Er ging mit sich ins Gericht, dass er auf so etwas noch immer hereinfiel, doch als er wie häufig am frühen Samstagabend das alte Heiligtum der Santa Costanza betrat, um die Weinlese und die bunten Pfauen der frühen Mosaiken zu sehen, und der Custode ihn herzlich begrüßte wie ein Vertrauter, hatte er den bösen Verdacht, den Mysterien längst in die Falle gegangen zu sein.

An diesem Morgen wurde ich auf der Straße von einem jungen Menschen angesprochen, dessen Alter schwer zu schätzen war, irgendetwas zwischen fünfzehn und zwanzig, ein Schüler, vielleicht auch ein Student. Ob ich den Papst hören wolle, jetzt gleich, dort drüben, in der Universität »La Sapienza«? Die Frage hatte etwas von einem unsittlichen Angebot, außerdem war sie zudringlich, als habe der Papst es nötig, von seinen Getreuen auf der Straße verhökert zu werden.

Ich wollte Reißaus nehmen, aber der geschickte

Knabe redete so altklug auf mich ein, dass ich mich schließlich doch für den Auftritt zu interessieren begann.

Seine Heiligkeit erschien mit knapper Verspätung, der Innenhof war voll von Studierenden, jungen, sich froh oder gar beglückt gebenden Menschen, deren Alter wiederum schwer zu schätzen war, irgendetwas zwischen dreizehn und dreißig. »Bambini«, rief der Heilige Vater, »coraggio, bambini«, als gehörten all diese Glückspilze, die von seiner Gegenwart Stärkung bezögen, in die Kindergärten zurück.

Und zum weiteren Durchschmecken gab es lauter Kindheitswörter dazu, »il altruismo« gleich dreimal, aber auch »la futura«, und selbstverständlich »il vero amore«.

Von den angrenzenden Bauten klangen nach einer Weile aber auch die hellsten Kinderstimmen zurück, »viva il papa, viva!«, dass man an Hexerei glauben mochte, schien der Heilige Vater sie doch alle wahrhaftig zurückverwandelt zu haben, bekehrt zum einfachsten Denken, in die Hände der Kirche.

Am Ende beschwor seine Heiligkeit großzügig

die Sonne; sie solle wohnen in allallen Herzen! Und damit allalle begriffen, was ihm vorschwebte mit diesem Wunsch, deutete er hinauf in den Himmel, und allalle starrten, jetzt ganz seinem Zauber erlegen, hinauf, um dort oben am Himmel gewahr zu werden: die Sonne!

Er hält die heutige, päpstliche, durch Johannes Paul II. vertretene Version des Katholizismus für eine italienische Privatsache, für eine versierte Freilichtdarbietung in italienischer, unübertroffen zur Schau gestellter Unschuld. Das »Katholische«, wie er es nennt, ist dagegen etwas ganz anderes: Es ist die südliche Fremde des ältesten Rom, das die deutschen Kaiser des Mittelalters anlockte und sie träumen ließ von goldenen Buchmalereien und von pergamentener Ewigkeit.

Der römische Glaube 3

Anfang der neunziger Jahre besuchte mich dann auch meine Mutter in Rom. Gemeinsam machten wir lange Spaziergänge durch die Stadt unseres Glaubens, und ich erlebte, wie der Wille, den Spuren dieses Glaubens zu folgen, alles andere verdrängte. Meine Mutter hatte »nur noch Augen« für die großen Glaubensrelikte, das allein beschäftigte sie stark, und wenn wir auf noch älteres, antikes Gelände gerieten, so tat sie zwar interessiert, ließ aber gleichzeitig schon bald erkennen, dass sie nicht allzu viel Zeit (etwa im Kolosseum oder auf dem Forum Romanum) verbringen wollte.

Meine Mutter wollte die großen Meister sehen: Raffael, Michelangelo, Bernini, Borromini. Stundenlang setzte sie sich in eine Kirche und verbrachte dort die ganze Zeit in großer Andacht. Ein Fernglas für das Betrachten von Bildern kam für sie nicht in

Frage. Und auch meine Erläuterungen etwa zu einzelnen Kunstwerken hörte sie sich eher abwartend und schweigsam als mit spürbarer Anteilnahme an.

Sie wollte (und das begriff ich erst nach einiger Zeit) zu den dargestellten Personen und Szenen genau jene private und fast intime Beziehung herstellen, die sie während meiner Kindheit zu dem Marienbild des Kirchleins in unserer Nähe hergestellt hatte. Die Heiligen waren für sie keine Kunstfiguren, und die strahlende Schönheit mancher Gebäude nahm sie zwar wahr, empfand diese Schönheit aber nur in sehr vorläufigem Sinn als eine ästhetische Wirkung.

Für sie waren die Heiligen nahe und vertraute Verwandte mit Lebensläufen und Eigenheiten, wie sie Verwandte zu haben pflegen (»der heilige Christophorus könnte sich ruhig einmal freuen, dass er das Jesuskind auf seinen Schultern tragen darf«). Und die großen Kirchen waren nichts anderes als Wohnungen, in denen man sich je nach Anlage und Struktur mehr oder weniger zu Hause fühlte. (»Die Mosaiken in Sankt Maria in Trastevere sind ein viel schönerer Schmuck als alle Fresken, die ich bisher in Kirchen gesehen habe.«)

M., jetzt siebenundsiebzig, ist nach Rom gekommen, für eine Woche. Vor über zwanzig Jahren war sie zum ersten Mal hier, diesmal möchte sie teilhaben an meinem Leben und sich stützen auf das, was ich weiß. Noch immer hat sie eine Kindheitsvorstellung von Rom, eine stark spirituell geprägte Idee aus ältester Zeit, der zufolge Rom der Nabel der Welt ist. Man sieht ihr diesen Glauben beinahe an, wenn sie langsam, als nehme sie teil an einer Prozession, durch die Straßen geht und jede Umgebung als Teil einer feierlichen Handlung betrachtet. Der Verkehr, die Straßen, die vielen Touristen – sie scheint blind zu sein für solche Bilder, und wenn sie mit einem am Mittagstisch sitzt, glaubt man meist, eine Pilgerin nehme ihre gesegnete Mahlzeit zu sich.

Aus Rom kommt der Glaube, daran hält sie sich fest, denn Rom ist das sichtbare Reich des Glaubenstriumphes, am deutlichsten ausgestellt in der Kirche des heiligen Petrus. Dorthin will sie also zunächst, und am besten ganz in die Tiefe, unter den großen Bernini-Altar, in die stummen Zonen der Krypta, wo die Gräber der Päpste wie

Zeugen der Ewigkeit über die Geschichte regieren.

Der gewaltige Kirchbau macht es ihr gar nicht leicht. Doch sie hält sich sehr direkt an die Namen. Wenn ich sie nenne, diese Namen der Heiligen, Päpste, der Architekten und Bildhauer, greift sie sie auf, als müsste sie sich an eine Familiengeschichte erinnern. Und nach einer Weile hat die Zeit in ihrem Gedächtnis fast den Zugriff verloren. Dieser Bau des heiligen Petrus erscheint ihr wie die geträumte Geschichte der Kirche: von Generation zu Generation kleine Korrekturen am Ganzen, die das Ewige, Wesentliche jedoch nicht verändern. Und so reihen sich all die aufgebotenen Namen zu einer langen, formschönen Kette, die zum Gebet glatt, kühl und widerstandslos durch die zählenden Finger gleitet.

Die antiken Zonen dagegen, die sie auf ihren Spaziergängen zwar besichtigt, sich aber nicht eingehender vorstellt, bleiben ihr, obwohl sie sich Mühe gibt, völlig fremd. Oft könnte man sogar glauben, nicht das antike, sondern das christliche Rom sei in ihrer Vorstellung das älteste Rom gewesen, so dass einem die grauen, farblosen Sarkophage wie Sarkophage von Störenfrieden und mürrischen Glaubenslosen erscheinen, die der christlichen Magie zum Glück irgendwann unterlagen.

Die Malereien Michelangelos in der Sistina – im Grunde enthalten sie all das, dessen der Glaube bedarf. Sie enthalten es zudem in der einleuchtendsten und zugleich einfachsten Form: in der einer Bilderzählung, deren Stationen nicht das Werdende, sondern das von den frühesten Zeiten an Dauernde beschwören. Da sind selbst die alten Propheten geduldet, obwohl sie die lange, schöne Geschichte von Gottvater bis zum Jüngsten Gericht unnötig bereichern und beinahe ausufern lassen. Nur die dunklen Sibyllen, sie bleiben fremd, und M. empfindet diese Erscheinungen sofort als eine schwere, heidnische Last. Im Stillen träumt sie sich ihre Kirche als eine jungfräuliche Erscheinung: unberührt von anderen Kulten, nur aus eigener Kraft den Erlöser gebärend, dessen Gestalt für sie die Gestalt des strahlenden, gebietenden Christus ist, wie Michelangelo sie im Jüngsten Gericht dann erfand.

Der römische Glaube im Norden

Anfang der neunziger Jahre habe ich eine Stelle an der Universität Hildesheim übernommen, um dort junge Studentinnen und Studenten im guten Schreiben zu unterrichten. Vor dem Beginn dieser Lehrtätigkeit kannte ich Hildesheim nicht. Ich war längere Zeit in Rom gewesen und begegnete in dieser niedersächsischen Stadt hoch im Norden zu meiner großen Überraschung den römischen Bildern wieder.

Von da an stand für mich fest, dass ich auch in Hildesheim (und zwar in Alt-Hildesheim, der vor 1200 Jahren gegründeten Stadt) etwas von jenen Glaubensmomenten wiederfinden würde, die mich seit meiner Kindheit geprägt hatten. Hildesheim war ein Bistum und damit eine Bischofsstadt. Es war die Stadt des großen Bernward, der ihr einen Dom, eine Domschule und eine der schönsten Kir-

chen des deutschen Nordens (St. Michaelis) geschenkt hatte.

Und so sprach ich (für Außenstehende wohl kaum verständlich) bald von der »Schreibschule«, die ich in Hildesheim begründen und aufbauen wollte. Der fremd wirkende Begriff war dem Mittelalter entlehnt, als es überall »Skriptorien« gegeben hatte. In diesem Sinne sollte sich die Hildesheimer »Schreibschule« entwickeln: als (in meinen Augen) geheime und verborgene Nachfolgerin der Domschule des großen Bernward.

Seit Wochen hat er sich auf die große Hildesheimer Ausstellung gefreut, die Bernward und das Zeitalter der Ottonen präsentiert. In den sonst tiefdunklen Museumsräumen sind spärlich erleuchtete Schaukästen postiert, in denen die meist kleinen Prunkstücke der frühen Zeiten schlummern. Er braucht einige Zeit, die Augen an die Dunkelheit zu gewöhnen, dann aber beginnen die rätselhaft fremd und vereinzelt erscheinenden Gegenstände zu leuchten, die so märchenhaft und unfassbar die Kulturen verbinden, das südliche

Rom mit den Kaisern des Nordens, die oströmischen Nichten mit den deutschen Thronfolgern.

Auf den über tausend Jahre alten Siegeln Kaiser Ottos I. erkennt er ein byzantinisch aussehendes Brustbild, der Kaiser mit Krone, in der einen Hand das Szepter, in der anderen den Globus. Die weit geöffneten Augen blicken starr in die Ferne, als suchten sie ein Ziel hinter den Horizonten, der Bart läuft spitz zu, als sollte er das sonst breite Gesicht schmaler machen. Darüber die umlaufende Inschrift: »Otto Imperator Augustus«.

Und er sieht, wie sich die späteren Siegel auf dieses Vorbild beziehen, auf den hohen, kaiserlichen Anspruch, und wie die späteren Abbildungen das Brustbild erweitern und den zunächst stehenden Kaiser zeigen, der sich in ganzer Größe auf einem kleinen Erdhügel postiert, und schließlich den sitzenden, eine monumentale, auf ihrem Thron endlich zur Ruhe gekommene Gestalt, die noch immer Stab und Globus hochhält und noch immer den spitz zulaufenden Bart zeigt.

Und er betrachtet die großen Kaiserurkunden aus Pergament, mit ihren unendlich feinen Schriftzeichen, wehende, fahnenschwingende, sich aufbäumende Buchstaben, beinahe abstandslos, eine reitende Schar orientalisch anmutender Gestalten, die von der Errichtung des Erzbistums Magdeburg durch Otto I. handeln.

Lange steht er dann vor der Heiratsurkunde Theophanus, auf der die regelmäßigen, schnörkellosen Buchstaben in Goldtinte vor einem purpurnen Grund leuchten, ein schmaler, lang gestreckter Teppich von Zeichen, wobei die Texte mit Medaillons unterlegt sind, auf denen seltsame Tierkämpfe erscheinen. Die Buchstaben sprechen von der Verheiratung der Byzantinerin mit Otto II., von seinen Hochzeitsgaben und der christlichen Ehe.

In einem weiteren Abschnitt wechselt die Ausstellung nach Rom, in das frühe, christliche Rom. Plötzlich sieht er einen Petruskopf aus dem fünften Jahrhundert, ein Mosaik mit hellen Grün- und Blau-Tönen, das Gesicht sehr lebendig und nah, mit weißem Haar, ganz direkt und wirklich schimmert der Kopf da vor ihm, und die Augen schauen weit und aufmerksam, als richteten sie sich interessiert auf den Besucher.

Selten hat er ein so wach und nuanciert erscheinendes Porträt aus dieser Zeit gesehen, eng anliegende Ohren, eine starke, leicht gebogene Nase, einen breiten, schweigenden Mund und markante Backenknochen, die die Wangen scharf modellieren. Das Bild erinnert ihn stark an heutige, römische Physiognomien älterer Männer, an ihre von Lebensklugheit gebildete Strenge, ihren südlichen, ruhenden Blick, ihre wissende, ironisch gebrochene Gescheitheit.

Nicht weit davon entfernt trifft er dann auf einen Plan der Stadt Rom, einen der ältesten mittelalterlichen, den Plan eines gewissen Fra Paolino da Venezia, eine phantastisch wirkende Federzeichnung auf Pergament, mit bräunlichen Rottönen versetzt. Die Stadt ist in ein merkwürdiges Oval gepresst, eine zinnenbewehrte Stadtmauer umgibt sie, viele Türme und Tore. Im Innern treten die Hügel deutlich hervor, einzelne Gebäude sind mit Namen versehen, das Pantheon, ein nicht wiederzuerkennender Tabernakel mit sogar kreisrunden Fenstern, oder die Engelsbrücke, ebenfalls eine vage Kinderphantasie aus wenigen, Präzision vortäuschenden Strichen, wie ein islamisches Heiligtum. Nur den Torre delle Milizie erkennt man auf den ersten Blick, ohne nach der Beschriftung zu schauen, während der Plan einem sonst vorgaukelt, das mittelalterliche Rom habe sich auf dem Circo Massimo versammelt, zu einem mehrtägigen Turnierspiel mit nachgestellten Gebäuden und daherpreschenden Reitern.

Wenig später befindet er sich schon in den großen Bischofsstädten der ottonischen Zeit, etwa in Mainz, das er aus seiner Schulzeit gut kennt. »Maganga« heißt die Stadt in mittelalterlichen Quellen, und aus Maganga stammt das große Messgewand des Mainzer Erzbischofs Willigis, das er als Schüler im Dommuseum der Stadt sah und das er immer wieder aufsuchte, weil ihn der Anblick nicht losließ.

Es ist ein Gewand aus gelber Seide, unüberschaubar weit, nicht für einen Menschen, sondern für einen unvorstellbar Entrückten, das sich von der Rückseite her präsentiert, mit einem Gewalle seitlicher Falten, als müssten in ihnen noch kleinere Seelen nisten, ein einziger strahlendgelber, glockenförmiger Wurf, beinahe wie ein Marienschutzmantel, nur männlicher, mit klareren, einfachen Akzenten.

Dieses Gewand verband sich in seinen frühesten Phantasien mit dem Adjektiv »mittelalterlich«, immer wenn er dieses Wort hörte, sah er das strenge, monochrome Seidengelb, das Entrückte, Menschenferne, wie ein Inbild des Sakralen. Und als begegnete er in dieser Ausstellung, die den frühesten Zeiten deutschen Kaisertums und Bernward, dem Urkundenschreiber Kaiser Ottos II. und der Kaiserin Theophanu, dem Erzieher König Ottos III., dem Rom-Reisenden und Hildesheimer Bischof gewidmet ist, laufend den eigenen biographischen Stätten, sieht er kurz darauf einen Stadtplan des alten Köln und die großen Steinskulpturen von St. Pantaleon, darunter ein Kopffragment mit wirr schauenden, von Panik gezeichneten Augen …

Beinahe fünf Stunden ist er unterwegs, vom frühen Morgen an, über Mittag, ohne Hunger zu spüren. Manchmal befällt ihn ein leichter Schwindel, der von der Überanstrengung des Sehens in den dunklen Räumen herrührt, vielleicht aber auch von seinen eilenden Phantasien, die das ferne Italien mit dem deutschen Norden verbinden. Die

Klammern für diese Verbindung sind prunkende, hieroglyphische Fragmente, eine Elfenbeinschnitzerei, ein silberner Schlüssel, goldene Fibeln oder Stäbe aus Walrosszähnen.

Die Ausstellung mündet im Dom, wo er gegen fünfzehn Uhr vor Bernwards gewaltigen Bronzetüren steht, die den römischen Türen von Santa Sabina abgeschaut sein sollen: »Im Jahre des Herrn 1015 ließ Bischof Bernward – seligen Andenkens – diese gegossenen Türflügel an der Fassade des Engeltempels zu seinem Gedächtnis aufhängen.«

Später sitzt er noch eine Weile im stillen Kreuzgang, nahe der Annenkapelle. Die Sonne fällt schräg in den Innenhof, er hat sich gegen eines der Säulenpaare des Kreuzgangs gelehnt. Niemand stört ihn, und wenn er die Augen schließt, sieht er seltsame Mischfarben, Ockertöne, Elfenbeinweiß, Rostrot und Messinggrün. All diese Nuancen durchschwirren einen weiten abgedunkelten Saal, wie irrlichternde Partikel eines abstrakten Aquarells, während im fernen Hintergrund die dauerhafteren Zeitzeugen stehen und kreisen, die wandernde Kasel des Erzbischofs Willigis, zwei Panikaugen aus Köln, der Kopf des heiligen Petrus aus Rom, worüber sich eine himmlische Karte spannt, ein weites, müßiggängerisch hingeworfenes Oval mit winzigen römischen Szenen.

In diese Bilder hinein aber flammen die Spuren der Schrift, die rumorenden, besiegelnden, einbrennenden Buchstaben, als lang gezogene Wachsoldaten der Urkunden, als Prachtadressaten für eine oströmische Schönheit oder als Mauerfragmente eines Erinnerungshafens.

Der letzte Bildfetzen, den er noch mitnimmt, ist der gebeugte Oberkörper des Papstes Gregor, der mit der schweren Linken, den Daumen aufwärts gestreckt, einen Folianten hält, während die Rechte mit der Feder notiert. Unter ihm sitzen drei Schreiber, mit müden, schräg geneigten Köpfen, vielleicht ist die Schräglage aber auch Folge des Eifers, jedenfalls scheinen sie noch zu buchstabieren, unablässig, unablässig, »omnibus fidelibus nostris …«, »oportunum nunc temporis ad hoc peragendum tempus …«

Und er glaubt, das gelbseidene Gewand des Erzbischofs Willigis öffnete sich und breitete sich wie ein heller Untergrund unter das Geflecht dieses Murmelns. Aus dem Bild des Petrus springen die türkisfarbenen Mosaiksteine und gesellen sich zum Purpurrot der Hochzeitstexte Theophanus … Walrosszähne, goldene Fibeln, Elfenbein, und wozu taugte der silberne Schlüssel …, der silberne Schlüssel …, der silberne …?

Jetzt atmet er regelmäßig und ruhig, jetzt tritt er ein in den Traum. Traumschlaf, somnium Bernwardi.

Ein Gebäude des Glaubens 1

Die letzten Jahre meiner Gymnasialzeit habe ich nicht mehr in Köln, sondern in Mainz verbracht, wo ich dann auch mein Abitur gemacht habe. Sehr häufig bin ich damals in den alten, romanischen Mainzer Dom gegangen, der so ganz anders war als der größere (und ehrgeizigere) Kölner. Der Kölner Dom wollte durchlaufen, umrundet, bestiegen werden. In dieser Hinsicht war er wie ein einziges großes Gebirge, das man durchkletterte und auf dem man auf immer neue, unglaubliche Architekturvisionen traf.

Der Mainzer Dom aber tat, als hätte er mit großen Architekturvisionen kaum etwas zu tun. Stattdessen erschien er mir wie ein zur Ruhe gekommenes, sehr friedliches Haus, in dem die Figuren der Grabdenkmäler ein seit Jahrhunderten nicht unterbrochenes Gespräch unter- und miteinander führten.

Um ihn herum fand mehrmals in der Woche der Markt der Stadt statt. Flüchtete man sich an einem heißen Markttag kurz in sein kühles Innere, empfand man diese Welt nicht als ganz und gar anders. Die Verbindungen zwischen Außen und Innen waren vielmehr sehr eng, so dass man fast hätte glauben können, die Gehilfen der großen Baumeister hätten unter den Besitzern der Marktstände viele Freunde gehabt.

Menschenfreundlich, umgänglich und gelassen – so erscheint mir noch heute der Mainzer Dom. Erlebt man in ihm ein sonntägliches Hochamt, spürt man genau: Man befindet sich (obwohl doch mitten in einem Gotteshaus) ebenso mittendrin in der Mainzer Altstadt. Nach dem abschließenden Segen des Herrn Kardinals wird man dieses Gotteshaus mit einem Lächeln oder einem leisen Mitsingen des letzten Kirchenlieds verlassen, um in einer der alten Mainzer Weinstuben einzukehren und dort das festliche Hochamt während eines mittäglichen Mahls ausklingen zu lassen.

Der Mainzer Dom hat etwas Häusliches, Vertrautes, er besteht nicht darauf, eine Kathedrale zu sein, ein dunkler, fremder Raum, den man mit leichtem Zögern betreten würde, nein, er ist wirklich ein Haus, ein warmer, einen sofort in Empfang nehmender Raum, der einen oft genug vergessen lässt, dass er »Architektur« ist.

Die Augen sammeln denn auch zunächst nicht die architektonischen Details, sie wandern nicht sofort in die Höhe oder versuchen, Einzelnes zu unterscheiden, die Türme, das Hauptschiff, die Portale. Sie nehmen den Dom eher als Ganzes wahr, als rotes, aus der Häuserumgebung auftauchendes Schiff, als Teil des Marktambientes, als dessen geheimes, nicht auftrumpfendes Zentrum. Wenn sich die Stände des Wochenmarkts um ihn lagern, ist er am schönsten, denn dann wirkt die Szenerie so, als passte der Markt sich den Rottönen des Sandsteins wie ein Reif von Herbstfarben an.

Die Häuslichkeit des Mainzer Domes gründet in solcher Selbstverständlichkeit, in der mühelosen, freundlichen Einfügung in die Umgebung, die er unmerklich dominiert, aber nie beherrscht wie etwa der Kölner, der kilometerweit gesehen und bestaunt werden will. Dabei macht sich der ältere Mainzer Bruder aber auch keineswegs klein, er duckt sich nicht, sondern lagert sich still, eine gottergebene Gestalt, die in der Nähe des Rheins ihren Ort gefunden hat, als wäre sie nach langen Reisen hier an Land gegangen. Niemand wird gezwungen, den Kopf in den Nacken zu legen und weit hinauf, bis in den Himmel zu schauen. Die Augen mustern nicht unruhig steile Fluchten, sondern sie kommen beim Anblick des Domes so zur Ruhe wie der Bau scheinbar selbst im Laufe der Zeiten.

Charakteristisch ist weiter, dass man ihn nicht durch eine festliche Pforte oder ein hohes Portal betritt, man schlüpft vielmehr hinein. Von einem der schönen, seine Nähe andeutenden Plätze aus schlüpft man hinein, seitlich, vom Markt her, oder durchs Leichhofportal, beinahe unbemerkt. Keine Phalanx von Propheten und Aposteln, kein abschreckender, drohender Christus, sondern höchstens ein unauffälliges Arrangement weniger kleiner Figuren, die so tun, als versteckten sie sich über den Portalen und wollten nicht weiter in Erscheinung treten.

Ich selbst betrete den Dom am liebsten durch das Liebfrauenportal. Die plötzliche Dunkelheit wird gemildert durch das Licht, das vom Kreuzgang hereinschimmert. Man steht im Halbdunkel des Eingangs und zugleich in der Nähe eines Gartens; schön wäre es, genau jetzt das Wasser eines kleinen Springbrunnens zu hören, ein helles, leises Ankunftsgeräusch, das langsam verebbte, mit jedem Schritt ins Langhaus.

Aber auch hier, im großen Innern, durchfliegen die Augen nicht hastig und unruhig die ganze Länge des Mittelschiffs, sie kreisen nicht an der Decke und werden nicht von hinaufschießenden Pfeiler- und Säulenbündeln hinaufgezogen, nein, auch drinnen, im Dom, kommen sie zunächst einmal zur Ruhe. Denn auch das Innere ist wohltuend klar, das Mittelschiff nicht zu hoch, alles ist auch hier von einer beinahe häuslichen Einfachheit. Das Sandsteinrot, das außen noch frisch wirkte wie aufgerührter Ton, trägt jetzt zu dieser Beruhigung bei, die Augen nehmen den frischen Außenton mit hinein und nehmen unbewusst wahr, wie diese Frische eindunkelt, wie sie langsam eingebunden wird zu einem einzigen, stimmigen Dunkelrotton, dem Grundton des Innern.

Chor und Apsis sind dunkel, tiefdunkel, westlich wie östlich, die Augen erfassen diesen Dunkelraum kaum noch, nehmen dort keine Details mehr wahr, so dass die Blicke begrenzt bleiben auf den Innenraum des Langschiffs und die sich anfügenden Seitenschiffe, die im Mainzer Dom aber keine kalten Nebenräume sind, keine verlassenen, nur von einem Architekturgedanken herbeibeorderten Anhängsel mit einigen toten Seitenkapellen, sondern ein Geh-, ja ein Spaziergelände.

Durch die Seitenschiffe geht man wie ein Flaneur, und wie ein Stadtflaneur ist man niemals allein, sondern wird empfangen und aufgenommen von den Figuren und Gestalten der Seitenkapellen, die den Raum beleben und die so wirken, als wären sie hier zu Haus und damit die Gastgeber, gute Freunde, altvertraut, ihren Ewigkeitsgeschäften nachgehend. Die Königinnen-Gestalt der Mainzer Madonna! Die verhüllten, vor Leid in sich gekrümmten Figuren der Grablegung, die zu murmeln und einander etwas zuzuflüstern scheinen, in ihre Aufgabe vertieft! Und, in strahlend hellem Chorhemd und Chormantel, seitlich hingelagert, in einem Buch lesend, Erzbischof Franz Anselm von Ingelheim!

Als Flaneur gerät man so ins Gespräch, man begrüßt seine alten Bekannten, unterhält sich mit ihnen, auch das Gebet ist im Mainzer Dom nicht der Monolog eines Zerknirschten, der sich Gott unterwirft und seine Sünden bekennt, sondern ein Sich-Einreihen in das Murmeln und das große Gespräch, das die Figuren des Doms untereinander und mit den Eintretenden führen.

Geht man durch das Langhaus, wird man von ihren Blicken begleitet, und ihre Stimmen hallen einem hinterher. So ist man nie einsam, sondern immer aufgehoben in der Gemeinschaft all dieser Figuren, eingereiht in ihre Prozession, in ihre Versammlung, die den Mainzer Dom so belebt wie kaum einen anderen. Es sind aber keine jenseitigen, fernen Gestalten, die einen hier mustern, sondern sehr irdisch gezeichnete Zeugen des Glaubens, Männer wie der hellwach blickende Peter von Aspelt oder der durch und durch fromm und gerecht dreinschauende Konrad von Weinsberg oder der große Exzentriker unter all diesen

Gestalten: Konrad III. von Dhaun, eine wollüstige Herrschernatur, mit einem manieristischen Sinn für Inszenierung und Stil!

Ich habe mir angewöhnt, sie bei jedem Dombesuch in anderer Reihenfolge aufzusuchen, immer neue Kombinationen erprobend und immer neue Gespräche, daher erscheint es mir so, als wäre ich bei meinem Gang durch den Dom Teilnehmer an einem Symposion, einem christlichen Gastmahl, das Mainz und seine uralte Geschichte zum Thema hat.

Warum ist man nach Verlassen des Mainzer Doms so gut gelaunt? Warum erhält sich der tiefe Eindruck des großen Hauses und setzt sich sogar weiter fort, als übte er seine Magie noch draußen, in den nahen Straßen, aus? Weil der Dom einen nach diesem Gastmahl hinausschickt wie Kinder, die jetzt gekräftigt und gestärkt sind und die sich nun draußen umsehen dürfen, bei einem Glas Wein, in der weiter wohltuenden Nähe des Doms, in den man ja jederzeit wieder zurückkehren kann, wie das Kind, das gern nach Haus kommt, im Dunkeln des Abends.

Ein Gebäude des Glaubens 2

Mehr und anders als der Mainzer Dom hat mich der Kölner mein ganzes Leben lang beschäftigt. Und mit dieser lebenslangen Beschäftigung verbindet sich bis heute ein skurriler Traum, den ich noch nicht eingelöst und verwirklicht habe.

Stattdessen taucht er bisher nur sehr versteckt in einem meiner Romane auf. Es ist der Köln-Roman »Die geheimen Stunden der Nacht«, dessen Hauptfigur Gregor von Heuken, ein Verleger in mittlerem Alter, ist. Mit seinem Bruder Christoph (und anderen Geschwistern) kämpft er heimlich (aber doch unübersehbar) darum, einmal die alleinige Nachfolge seines Vaters anzutreten, der ein großes Verlagsimperium aufgebaut hat.

Nach einem langen Abendessen in einem ambitionierten französischen Restaurant (Le Moineau) macht er noch einen Abendspaziergang. Als passio-

nierter Verleger betrachtet Georg van Heuken seine gesamte Umgebung daraufhin, ob und wie sie etwas zu möglichen Buchprojekten beitragen könnte. (Ich bin mit einer Verlegerin verheiratet und erlebe diesen besonderen Blick auf die Welt fast Tag für Tag.)

Sein Abendspaziergang führt ihn schließlich auch vor den Kölner Dom. Er bleibt lange stehen und ist ganz hingerissen von den nächtlichen Bildern der großen Portale. All diese kleinen Miniaturen, Figuren und Spitzbögen, all dieses Leben! Der Dom erscheint ihm wie ein eigenes »Stadtviertel«, dessen Hunderte von Einzelheiten ein guter Autor einmal Stück für Stück festhalten und ausführlich beschreiben sollte!

Genau diesen Traum habe ich seit vielen Jahren: den Kölner Dom in allen Einzelheiten aufmerksam und genau zu beschreiben! Meine Frau hält (als genau kalkulierende und rechnende Verlegerin) von diesem Traum (anders als Georg von Heuken, mit dem ich in dieser Hinsicht sehr einverstanden bin) nichts. Mit anderen Verlegerinnen oder Verlegern aber habe ich noch nie darüber gesprochen. Sie könnten mich für verrückt oder »etwas seltsam« halten.

Wo gibt es das denn?, könnten sie fragen: dass ein Schriftsteller sich daranmacht, einen Dom Stück für Stück zu beschreiben (oder »zu ergründen«, wie mein Vater es immer genannt hatte)? Wenn sie mich so fragen würden, hätte ich aber durchaus ein wunderbares Beispiel für eine solche Beschreibung in der Hand.

Anfang der sechziger Jahre hat der französische Schriftsteller Michel Butor nämlich ein solches Projekt verwirklicht. Sein Buch heißt »Description de San Marco« und beschäftigt sich mit der Beschreibung des Markusdoms in Venedig. Stück für Stück. Bild für Bild. Rundbogen für Rundbogen.

Er geht jetzt durch die Nordstadt und ist erstaunt, wie voll die Straßen so spät noch sind. Das Leben, auf das es vielen ankommt, hat sich in die Nächte verlagert, auch im Verlag gibt es viele, die bis zwei, drei Uhr unterwegs sind und dann am Morgen gegen neun mit dieser wächsernen Blässe erscheinen, die sie bis zum Mittag mit Kaffee aufzuweichen versuchen. Die Türen der türkischen Imbisse stehen weit offen, und an all dem gegrillten Zeug zerrt jetzt ein scharfes Neonlicht, als wolle es ihnen noch einen letzten Schuss Hitze verpassen. Die älteren türkischen Männer stehen drinnen und unterhalten sich, manche essen auch noch etwas aus der Hand, hätte er nicht zum Schluss die *warme Schokoladenganache mit Tahiti-Vanille* gegessen, würde er sich eine türkische Kleinigkeit gönnen. Das Essen im *Le Moineau* war sehr gut, aber ganz anders als in normalen Lokalen, laufend hatte er das Gefühl, nur zu kosten, wie bei einem Kindergeburtstag, wenn man den Kleinen die Augen verbindet, um sie raten zu lassen, was sie gerade so essen. *Mmm, schmeckt gut, aber ich weiß nicht, was es ist…, ich probier's gleich noch einmal…*, so in der Art. Die Portionen waren so klein, dass sie gerade taugten, einmal über die Zunge zu gleiten, *happs, happs und mmm,* schon waren sie weg. Und dann das verblüffte Schauen. Was hab ich da gerade gegessen, was war es denn bloß? *Haute Cuisine* ist also etwas durch und durch Regressives, ist ja nicht schlimm, aber man muss es wissen, um sich drauf einstellen zu können. Man sitzt da wie ein Säugling, und der Patron füttert einen nur löffelweise, *noch ein Häppchen, mein Guter, bis Du endlich kapierst, dass der exquisit leichte Fäulnis-Geschmack von einem köstlichen Schweinsfuß herrührt.* Wie? Vom Schweinsfuß? Wie haben Sie den denn in diese *gefüllten Tacos* verpackt, sagen Sie bloß. Tja, das ist das Geheimnis, ein Schweinsfuß als Taco, da schwindelt es dem wahren Gourmet. Ist ja auch interessant, und irgendwie lehrreich ist es wohl auch, *lehrreich*, genau, jetzt hat er das richtige Wort endlich gefunden, *die Haute Cuisine hat etwas Lehrreiches, nichts Belehrendes, nein, sondern etwas Lehrreiches, in Deutschland muss man da sehr genau trennen.* Er sollte sich solche Einsichten notieren, um sie in bestimmten Gesprächen wieder abrufen zu können, Christoph hat er im Verdacht, genauso vorzugehen mit seinen Theorien und all den pointierten Statements, die sich anhören wie bildungssatte Aphorismen des jungen Canetti. Auch so einer, der sich mit zwanzig schon nach dem Nobelpreis verzehrte und ihn dann später auch noch wirklich bekam, bis heute hat er nicht begriffen, wofür eigentlich. Drei Bände Lebenserinnerungen, so etwas schreibt man doch nur, wenn einem gar nichts mehr einfällt. Und davor? Was war schon davor?

Diese Eigelstein-Gegend mit ihren türkischen Kiosken, Imbissen und Nobel-Lokalen ist eigentlich auch ein Terrain, wie Christoph das nennen würde. Vielleicht wäre es gar keine schlechte Idee, darüber ein kleines, handliches Büchlein herauszubringen, ein Bändchen im *Pocket-Format*, mit Restaurant-Tipps und den exakten Öffnungszeiten jedes einzelnen Kiosks, und dazu dann Gespräche mit den Bewohnern, ihre Geschichten, ihr Leben, *wie ich als türkischer Papa meine große Familie durchbringe*, etwas dergleichen, das wäre nicht schlecht. Bestimmt haben sie viel zu erzählen, wunderbare, verdrehte Geschichten, die Großmutter arbeitete noch an Flechtkörben im hintersten Anatolien, der Papa zog mit all den Seinen nach Köln und verdiente nicht übel bei *Ford*, von den drei Söhnen haben zwei eigene Lokale, der dritte aber ist ein Immobilien-Genie und kauft die halbe Gegend hier auf. Zehn Enkel, einer kandidiert schon bei den *Grünen*, kein einziger glaubt mehr an Allah, während der Papa eisern nur türkischen Tee trinkt und noch nie ein richtiges Kölsch angerührt hat.

Gute Idee, das mit dem *Terrain*, im Grunde

verdankt er sie Christoph, man könnte die Sache ausweiten und eine ganze Reihe draus machen, eine *Pocket-Reihe* über die Kölner Stadtviertel, von denen jedes einzelne ja etwas Eigenes, Stolzes hat, eine *Kultur*, wie der türkische Enkel sagen würde. *Ehrenfeld, Nippes und Sülz,* ihm läuft schon das Wasser im Mund zusammen, wenn er an all die Lokale, Geschichten und Kulturen denkt und vor allem an die Bändchen, die man solchen Gegenden widmen könnte. Es müsste aber ein guter Herausgeber her, ein fixer, wacher und zupackender Mann, der seine Recherchier-Trupps im Griff hat, Peter Feil wäre dafür genau richtig, also gut, Peter Feil, er wird versuchen, es ihm schmackhaft zu machen.

Die beiden Dom-Türme hat er beinahe die ganze Zeit über im Blick, sie ragen über die Dächer der Häuser hinaus und tauchen manchmal im Hintergrund der geraden Straßenfluchten auf wie zwei mächtige dunkle Finger, die nichts anderes anzeigen als *Hier bin ich!*. Heinrich Böll hat einmal gesagt, dass ihn die Dom-Türme stören, es ist nicht zu fassen, in welchen Unsinn er sich manchmal verrannt hat, seine schöne, melodische Stimme geriet dann beinahe in Trance und waberte sich den reinsten Kölschen Kokolores zusammen, während er selbst wahrscheinlich dachte, lauter Markiges und vor allem Treffendes zu produzieren. Die Dom-Türme sind jedenfalls nichts anderes als ein Signal, pure Orientierung, von jeder Ecke Kölns aus zu fixieren, die Vorläufer der Fernsehtürme, wenn man so will. Sie haben weder etwas Sakrales noch etwas Sonst-wie-Geweihtes, sie sind sachlich, angenehm sachlich, über so etwas hätte er mit Böll gerne einmal gestritten.

Jetzt ist er vor den drei Hauptportalen des Doms angekommen, dieser ganze untere Skulpturenbereich ist in ein leuchtendes Gold von Scheinwerfern und Strahlern getaucht, von dem sich die Fialen und Maßwerke darüber silbergrau abheben. Er geht noch etwas näher heran und bleibt vor dem Petersportal stehen, im Grunde sind all die vielen kleinen Figuren, die tagsüber im Dunkel verdämmern, erst jetzt richtig zu sehen. Man müsste sie einzeln fotografieren, ganz aus der Nähe, man müsste einen Band machen mit diesen

Hunderten von Gestalten, auf denen kein Auge je ruht, einen Figuren-Corso, eine große Prozession, die sich in dichten Scharen über diese Spitzbögen ergießt, und dazu müsste man die Geschichte jeder dieser ernsten und ausdrucksvollen Gestalten erzählen, die ja nur darauf zu warten scheinen, ihre Verschlossenheit aufzugeben. Hervor mit Euch aus Euren Verstecken, heraus aus Euren Kammern und Grüften! Auch so ein Portal ist ein *Terrain*, warum ist er darauf noch nicht früher gekommen? Um diesen harten, maroden Stein zum Leben zu erwecken, bedarf es eines guten Erzählers und nicht eines Kunsthistorikers, wie er früher noch dachte. Der ganze Dom als eigenes Stadtviertel, als kleine, zeremoniale Gesellschaft mit ihren frommen oder bösen Geschichten, das ist es.

Ein Gebäude des Glaubens 3

Bisher habe ich nur sehr wenigen Menschen von dem Traum, den Kölner Dom einmal Stück für Stück zu beschreiben, erzählt. Kaum jemand weiß oder ahnt etwas davon. Und doch könnte die frühere Redaktion des FAZ*-Magazins eine leise Ahnung gehabt haben, als sie mich einmal aufforderte, ein kleines Porträt des Kölner Doms zu entwerfen.*

Hin und her gerissen fühlte ich mich, als ich mich an diese Arbeit machte. Einerseits wollte ich nämlich von all den Erlebnissen und Erfahrungen erzählen, die mich mit diesem Gotteshaus verbinden und die ich mit ihm gemacht habe. Und andererseits wollte ich auf Abstand bleiben und die Leser »informieren«, anstatt nur über mich selbst zu schreiben. Herausgekommen ist bei diesem Zwiespalt eine merkwürdige Mischung zwischen großer Nähe und ehrfürchtiger Distanz. Ich schrieb ein Porträt, das sich liest wie der Text eines gut gelaunten Fremdenführers, der einiges preisgibt und pointenreich erzählt, die eigentlichen Erfahrungen aber letztlich doch für sich behält.

Kurz vor dem Hauptbahnhof hält der Zug. Ob man von Westen, Süden oder Osten nach Köln kommt – immer hält der Zug wenige hundert Meter vor dem Hauptbahnhof. Alles kommt für eine kurze Andacht zum Erliegen; die Stimmen der Fahrgäste werden leiser, Fenster öffnen sich, kleinlaute, dumme Fragen werden gestellt. Dann das Aufatmen, der Zug bewegt sich wieder.

Der Zug hält, weil er sich nicht nur Köln, sondern mehr noch dem Kölner Dom nähert, dem, wie wir nicht erst durch Goethe wissen, Dom der Dome, der Urgestalt eines Doms schlechthin und der dreistesten Aufbietung an Gotik überhaupt. Da geraten Züge wie von selbst ins Stocken, und Blicke werden ganz anders.

Bevor wir uns dem Dom aber stellen, steigen wir erst einmal aus. Dass der mächtige Hauptbahnhof, bald hundert Jahre alt, sich so nahe an ihn heranmacht, irritiert uns immer wieder, schon beim Bau der Gleisanlagen und der Konstruktion der weit ausschwingenden Bahnsteighalle wurde um jeden Meter gestritten. Es gab lautstarke Stimmen, die für einen Hauptbahnhof an ganz anderer Stelle waren, aber nicht die Ästheten, sondern die Pragmatiker setzten sich durch.

So stehen wir also notgedrungen in der großen Halle aus Eisen und Glas, deren Dachrippen sich wie dunkle Flügel einer gewaltigen Fledermaus über unseren Köpfen halten, die Kunsthistoriker sprechen prosaischer von der »Form einer gedrückten Spitzbogentonne«. Gedrückt – warum gedrückt? Weil sie den Dom unterlaufen musste und nicht weiter auffallen durfte. Unterordnung, sanftes, unauffälliges Anschmiegen – so dachten sich die Erbauer ihren dann doch recht monströs geratenen Hauptbahnhof, dessen hochgelegene Bahnsteige wir jetzt verlassen, um uns durch die Tunnelschläuche zum Ausgang zu bewegen.

Das alte Empfangsgebäude im Stil imitierter Renaissance mit seinen Fürstenräumen und einem Uhrturm mit der preußischen Königskrone als Krönung steht nicht mehr, stattdessen haben wir es mit einer Empfangshalle aus den fünfziger Jahren zu tun, vorn mit viel Glas, das den Blick auf den Dom freigeben soll. Meine Sache ist diese Empfangshalle nicht, deshalb lieber gleich raus. »Immer wenn ich aus dem Aquarium der Halle des Hauptbahnhofs hüpfe, singe ich und springe ich hoch wie der Dom«, hat der Kölner Schriftsteller Jürgen Becker geschrieben.

Jürgen Becker ist ein Kölner, vielleicht wollte er einfach sagen, dass er als Kölner immer wieder aus dem Häuschen gerät, wenn er nach Köln zurückkommt, vielleicht war sein Satz aber auch eher lyrisch gemeint, die Lyriker geraten angesichts des Doms nämlich in ein wahrhaft posaunendes Schwärmen. Irgendwie wollen sie mit der Größe des Doms mithalten, etwa so, wie es der sowieso den kräftigen Tönen zugeneigte Theodor Däubler versuchte: »Unweigerlich gipfelst du, Dom, mit steinernen Sehnsuchtshälsen über alle Menschlichkeit empor ins ewige Sanftblau.«

Eines ist immerhin klar: Däubler sah den Dom als Gebirge, und er scheute sich nicht, ihn mit »Du« anzureden. Das geht mir zu weit, vorerst begegnet mir das Gebirge auch nur von der Seite, und von der Seite ist es schwer zu fassen. Viel schöner wäre es, dem Dom gleich frontal zu begegnen, es genügte auch schon, wenn er parallel zum Bahnhof stünde, so aber steht er schräg-seitwärts, als ginge ihn der erste Blick des Köln-Reisenden einfach nichts an.

Der Dom stellt sich kühl, er pustet einem etwas von seiner Domhöhe, die durch den Domhügel, auf dem er errichtet wurde, noch abweisender wirkt. Früher erklomm der Reisende den Hügel über freundliche Gartenwege, im Sommer blühte es da, vom Herbst ganz zu schweigen, jetzt aber müssen wir uns eine Betontreppenanlage hinaufbemühen, die uns zur Domplatte führt.

Die Domplatte, die, wie der Name schon androht, alles platt, eben, einfach begehbar, dazu aber auch unsäglich monoton macht, ist eine typische Erfindung jener aseptischen Jahre, denen Fußgänger- und Erlebniszonen alles bedeuteten. Man hatte es zwar geschafft, die Autos in Parkhäuser unter die Erde zu verbannen, dafür aber eine öde Riesenfläche in Kauf genommen, die einzig für Skateboardfahrer geschaffen scheint.

Und so erproben die Skateboardfahrer hier oben die neuesten Modelle, sie fetzen Schneisen in die Fußgängerströme, treiben auseinanderstrebende Kegelvereine zu erschrockenen Schafherden zusammen und belohnen die Ängstlichen mit jenen phantastischen Loopings, für die ihre Laufwerkzeuge gar nicht gedacht waren. Für die Skateboardfahrer hat man Bäume, Grünanlagen, Rasenflächen, Wildwuchs, überhaupt alles Naturähnliche geopfert – und so nehmen sie den Dom denn als riesige Hindernisstange in Kauf, die möglichst rasant umkreuzt werden will.

Neuerdings kommen die Mountainbike-Fetischisten hinzu, die ja bekanntlich nichts mehr lieben als Treppen und Stufen, und so ist die Domplatte endlich ihrer eigentlichen Bestimmung übergeben worden: als Übungsplatz für alle, die nicht zu Fuß gehen wollen, sondern Spaß auf Rädern suchen. Wodurch die berüchtigte Domfreilegung endlich einen neuen Sinn bekommen hat.

Domfreilegung – ja oder nein, das war schon im neunzehnten Jahrhundert ein erbitterter Glaubenskrieg der Domästheten und Stadtplaner. Bereits 1816, als der Dom noch von Kirchen, Wohnhäusern, Banken und Hotels eingekeilt war, erstellte der preußische Oberbaurat Schinkel einen Plan zur Freilegung. Der Dom sollte isoliert stehen, von allen Seiten über möglichst große, begrünte Plätze erreichbar, hervorgehoben als ein Denkmal der als besonders deutsch empfundenen Gotik.

Fortan stritten die verschiedensten Fraktionen nicht nur um die Domfreilegung, sondern auch um die Anlage der Dom-Umgebung: Die einen (streng katholischen) forderten Bauten in reinster Neogotik, die anderen (liberal bürgerlichen) etwas profan Antikisierendes, schließlich setzte sich die Idee der Domfreilegung durch, und so stand das Däublersche Gebirge denn schließlich, von allen zudringlichen baulichen Annäherungen (außer dem Hauptbahnhof) befreit, ganz für sich, den überwältigten Blicken nach oben freigegeben.

Wir stehen nun vor dem Hauptportal, und wir stehen auf der Domplatte, die ein wahrer Windfang für Sturmböen ist, so ungeschützt und hoffnungslos ins Maushafte verkleinert, dass wir einige hundert Meter zurückweichen, etwa bis zur Dompropstei. Erfassen wir das Ganze so besser?

»Lilasilbriges Eigengewölk umhalste dich in riesenhafter Schwanenhaftigkeit«, dichtete Däubler tapfer weiter, uns aber erscheint das Gebirge doch eher vom grauschwarzen Fremdgewölk des sauren Regens gekennzeichnet. Spanische Touristen, die wir um ihre Meinung befragen, wünschen sich den Dom denn auch heller, einmal gründlich gewaschen, wie sie forsch vorschlagen; vielleicht ahnen die Mutigen nicht, dass bei einer solchen Radikalsäuberung gleich das halbe Gestein mit herunterfiele, vor allem das aus Schlaitdorfer Sandstein, das völlig zerstört und verwittert ist. Seit Anfang der fünfziger Jahre wird Basaltlava aus dem Gebiet des Vogelsbergs verwendet, das hört sich schon besser an, hilft aber nur noch beim Flicken.

Warum zögern wir noch, den Dom zu betreten? Ja warum?! Ein Kölner betritt den Dom nur, um ihn (meist einmal am Tag) quer zu durchlaufen, rasch, nicht nach rechts oder links schauend. Kurz, etwa für die Dauer einer Minute, wird er von seiner düsteren Gegenständlichkeit eingefangen, löst sein Körper sich in diesem kühlen Dunkel auf, das völlig unbarmherzig nach ihm greift. Fromme Kölner flüchten sich irgendwohin in eine Nische (die wärmste laut Umfrage: die Sakramentskapelle) und harren dort aus, bis ihre Augen sich an irgendetwas gewöhnen. Kölner aber, die ihren Gästen den Dom zeigen wollen, machen sich Mut und sagen: Lasst uns »en der Dom jon« (hochdeutsch: »in den Dom gehen«), wobei sie den kölschen Akkusativ bemühen, der die Größe des Doms durch den Pseudo-Nominativ anerkennt.

Und die fremden Heerscharen? Nach Betreten des Doms wenden wir uns an einen der vier das Gebirge unablässig durchmusternden Domschweizer, der uns in schäumendstem Kölsch mitteilt, die Fremden (wie die Bibel sagt) »ähneln dem Vieh, das nicht weiß, auf welchen Wiesen es zu grasen hat«. Ungezügelt und schamlos verhalten sich die touristischen Mengen der oft bis zu (täglich!) siebzehntausend Dombesucher in den scharf erfassenden Augen unseres Domschweizers, der mit einer hölzernen Bauchlade um »Spenden für den Dom« bittet. Manche Fremde sind gar so dreist, ihre Hunde mit in den Dom zu bringen, andere führen ihre roten

McDonald's-Tüten spazieren – wir verfolgen dieses Kapitel des modernen Domwanderns an dieser Stelle nicht weiter, schließlich hat unser Domschweizer alle Hände voll zu tun, das Schlimmste zu verhindern.

Wir gestehen aber: Es fällt schwer, sich im Dom länger aufzuhalten, denn, kaum eingetreten, hat uns das Gebirge vollständig geschluckt. Wir stehen ausgelöscht da, es ist vorbei mit unserer Individualität, niemand fragt mehr danach. Das gewaltige dunkle Loch, das sich vor unseren Augen auftut, hat dem Dom die böse Nachrede eingetragen, »kühl«, »unpersönlich« und »fremd« zu wirken. Nichts ist mit dem Däublerschen »Du«, nicht einmal ein »Sie« kommt uns über die Lippen: Der Dom ist ein gewaltiges »Es«, eine anonyme Allmacht oder, wie Ricarda Huch in ihrer Sprache meinte, »ein Übermaß, dem die bestürzten Sinne sich nur allmählich anpassen«.

Was hilft gegen diese Bestürzung? Beten jedenfalls nicht. Beten können im Dom (wieder nach Umfrage) die wenigsten; er eignet sich einfach nicht für Bitten oder Bekenntnisse, die verschluckt der gewaltige Raum wie nichts. Ist das überhaupt noch »Architektur« oder nicht vielmehr eine unendliche Flucht von Steinen, die sich längst himmelwärts verabschiedet haben?

Der Dom birgt nicht, er brütet nicht vor sich hin, er lastet nicht, er ummäntelt uns nicht, er tut überhaupt nicht das, was wir von anderen Kirchen erwarten dürfen. Der Dom will bersten – nach außen, nach oben, von der leidigen Domplatte weg, die vielleicht nur gebaut wurde, damit die Gesteinsrakete irgendwann einmal abheben kann. »Dom Power« haben die Fußballfans des FC auf ihre Fahnen geschrieben, und natürlich haben die Fans das Wesen des Doms getroffen.

Aber werden wir noch ein wenig genauer. Die »Dom Power« ist nicht irgendeine, sie ist vielmehr eine typisch kölsche Power. In Köln, muss der Nichteingeweihte wissen, will alles nach außen, nach oben, am liebsten sogar in den Himmel. Nach außen wollen vor allem die Worte, wollen alle die lautmalerisch-singenden Klänge der »Kölsche Sproch«, deren einfachstes Erkennungszeichen das kölnisch-ripuarische j (statt des härteren hochdeutschen g) ist. Die kölschen Laute machen aus einer Domtaube eine »Domduv« und nennen die große Domglocke (»Domklock«) den »decken Pitter«. So liebevoll geht diese Sprache mit sich um, dass sie sich selbst als »uns leev Kölsch, die jolde Sproch« (ätepetät: »unser liebes Kölsch, die goldene Sprache«) schmeichelt. Neuerdings hat sich eine Akademie der Sprachpflege angenommen, ganz praktisch, wie die Kölner seit alten Handelszeiten sind, mit Kursen und Diplomen.

»Beim Rheinländer sind eben die treibenden, vorwärtsschiebenden Kräfte stärker als die tragenden«, schrieb im Jahre 1919 der Volkskundler und Sprachforscher Adam Wrede und deutete damit nicht nur den Dom, sondern auch das kölsche Wesen. Er lobte die »fast spielerische Art, mit der der Rheinländer Wort und Witz zu meistern versteht«, und er wies auf die »gute, vielfach schnelle Auffassungs- und Verknüpfungsgabe« hin, die diesen Sprachwitz hervorrufen.

Niemand pflegt in Köln diesen Sprachwitz besser als ein echter Köbes. Der Köbes ist kein Kellner, kein Ober, nichts derart Profanes, der Köbes ist vielmehr der Geist des Kölsch, jenes obergärigen Bieres also, das er den Gästen eines kölschen Brauhauses so lustvoll auf den blankgescheuerten Tisch stellt, als wollte er es am liebsten selbst trinken. Um nicht mit einem normalen Kellner verwechselt zu werden, trägt der Köbes zur blauen Strickweste eine blaue Leinenschürze, dazu um den Bauch die lederne Geldtasche. Wortgewandt, manchmal auch spitz, nimmt er seine Gäste auf den Arm, mit ein paar knappen, gezielten Bemerkungen fordert er ihre Sprachpotenz heraus.

Denn beim Kölsch darf niemand still sitzen, brüten, dösen und jener Geistesabwesenheit frönen, die viele Biertrinker vor allem im deutschen Süden überfallen soll. Nicht umsonst bezeichnet der Kölner die Sprache und das Bier als Kölsch, Sprechen und Trinken sind eine Einheit. Obergärig wird das Bier schließlich deshalb genannt, weil die Hefe bei der Gärung nach oben steigt (während sie in anderen Gegenden eben vom Boden aus gärt).

Solche fundamentalen Beobachtungen führen uns immer tiefer ins kölsche Wesen, in jene Power also, die nach außen und oben will und sich dafür den Dom zum Zeichen gesetzt hat. So verstehen wir jetzt vielleicht besser, in welchem Innenraum wir uns noch immer befinden: im Innern eines Geisteszustandes, einer Kraftkonzentration, die insgeheim längst nach oben hin abgelegt hat.

Die wilden Horden der Fremden treiben verwirrt an uns vorbei und verlaufen sich im Leeren des großen Raumes; die Domschweizer zeigen ihr bekümmertes, den Gegebenheiten trotzendes Gesicht, weit, unendlich weit entfernt glänzt der goldene Schrein der Heiligen Drei Könige, und wir werden ihn nur durch ein Gitter zu Gesicht bekommen, weil das Gitter den Schrein vor den Horden in Schutz nehmen muss.

Um wenigstens provisorischen Halt zu finden, schließen wir uns einer Domführung an. Gegen 11 Uhr wartet ein sichtlich überanstrengter Führer auf uns unter der Orgelbühne. »Führen«, sagt er uns gleich, »kann man hier niemanden«; nach fünf Minuten hat sich jede Gruppe zersplittert und in alle Richtungen verstreut, dieses Dom-Innere ist einfach zu mächtig. Aber was dann? Ein paar Schritte tun, schlägt unser Führer vor und wischt sich den Schweiß von der Stirn, hier und da stehenbleiben und ein bisschen genauer hinsehen, das ist alles und nicht wenig.

Wie wäre es zum Beispiel mit dem Gerokreuz,

gleich hier links, schauen Sie sich das einmal an oder versuchen Sie es, fast alle laufen daran vorbei, es ist nicht zum Aushalten. Dabei handelt es sich um etwas ganz Besonderes, eine der ersten abendländischen Großplastiken, von byzantinischen Vorbildern inspiriert. Erzbischof Gero war als Kanzler des Ottonischen Reiches (969–976) in Byzanz und hielt dort für Otto II. um die Hand der Prinzessin Theophanu an. Über tausend Jahre alt muss das Kreuz also sein, Holzuntersuchungen haben das stichhaltig bewiesen.

Unsere kleine Gruppe nimmt sich zehn Minuten Zeit für das Gerokreuz, dann will die Hälfte wieder nach draußen, ins Freie. Vier Getreue scharen sich noch um unseren Führer, der uns jetzt durch den Chor begleitet, hier und da ein Gittertor öffnet und uns in ein noch tieferes Dunkel hineinschlüpfen lässt. Nach einer halben Stunde hat er so etwas wie eine kölsche Fassung gefunden, das Fieber der Domkunde hat ihn erfasst, und nach zwei weiteren Stunden kölschen Wortsteps lässt er uns ziehen, nicht ohne uns ans Herz zu legen, die Führung mit einem Glas Kölsch zu beschließen.

Er hätte uns nicht zu drängen brauchen. Wieder nach draußen entlassen, denken wir uns den Dom als Schrein voller geheimer Schätze, die aber nur der wahrnehmen wird, der seiner inneren Power mit allen Nerven trotzt. In einem Kölner Brauhaus geben wir uns der Sprachpflege hin; wir erklären einer amerikanischen Tänzerin, die sich gerade beim Kölner Ballett vorgestellt hat, was ein »halver Hahn« ist, und philosophieren gekonnt darüber, warum man in Köln das Kölsch nicht aus Gläsern, sondern aus Stangen trinkt; genau 0,2 Liter gehören hinein, kein Tropfen mehr.

Die Kölsche Stange ist das Pendant eines Domturms, gerade, aufrecht, dem obergärigen Bier ganz gemäß, das, wie wir längst wissen, eben nicht vom Boden aus gärt, sondern oberhalb, so wie in Köln alles nach oben und außen drängt.

Um uns herum zirpt und zischt es, das Sprechen selbst ist ins Gären geraten. »Neukirchen's kutterfrische Muscheln« kommen neben uns auf den Tisch, natürlich Muscheln »rheinischer Art«, mit viel Pfeffer, Sellerie, etwas Lauch und reichlich Zwiebeln, einer will schon seit Stunden mit dem Taxi heim, niemand nimmt das aber ernst, ein anderer versichert uns, dass kölsche Mädcher und kölsche Jongen dem Herjott gut gelungen sind. So wird der expansive Hohlraum, den der Dom gerade noch zusammenhält, in Sprache aufgelöst, hier, im Brauhaus, explodieren die geballten Kräfte und werfen kölsche Schallwellen bis zu den Oberlichtern. Ein Stangenkranz nach dem andern segelt zwischen die Tische, und im Zapfraum taumeln die Kölsch-Fässer zur Theke.

Stunden später haben wir mit unzählig vielen Menschen gesprochen, wir sind in bester Laune, in kölschen Brauhäusern vollziehen sich Verbrüderungen, die in Wortkaskaden zu enden pflegen. Ein bisschen Laufen tut uns jetzt gut. Und so lassen wir den Dom dann eben einmal kurz hinter uns, ignorieren das Römisch-Germanische Museum und das Museum Ludwig und gehen »zo Foß« (zu Fuß) über den Rhein.

Von der anderen Rheinseite betrachtet, beginnt der Dom langsam zu schrumpfen. Auf der Hohenzollernbrücke warten die Züge auf die Einfahrt in den Hauptbahnhof, und der Rhein wellt allmählich über die Ufer, steigt hinauf bis zum Dom und begräbt die Domplatte unter sich. Jetzt, jetzt dreht sich der Dom, schwankt ein wenig auf den Wellen, tanzt immer schneller und lockert seine dunklen Massen. Von allen Seiten fällt das Licht den Tänzer an, dessen Türme im Takt gegeneinanderschlagen, und auf den Spitzen der Strebepfeiler sitzen Hunderte von Domschweizern in ihren roten Gewändern wie Tauben in Gruppen. Aus den Brauhäusern fließt das Kölsch in breiten Strömen zum Rhein, und Tanker, die von Holland her kommen, werfen Halden kutterfrischer Muscheln ans Ufer.

Dann kommt die Nacht, völlig und ganz. Wir sitzen noch immer drüben, am anderen Ufer, da löst sich der Dom von der Stelle, gleitet hinab zum Fluss und nimmt sein Bad in den Wellen. Nichts als ein glänzendes Schatzkästlein ist er jetzt, wie der Schrein der Drei Könige, manchmal klappt er seine Türme zur Seite und lässt etwas Power entweichen.

So durchtanzt er die Nacht bis zum frühen Morgen, dann erst steht er wieder an alter Stelle, eingehüllt in feinen Dunst, unnahbar wie eh.

Der Glaubenslehrer 1

In meinem Fall führen die meisten Wege des Glaubens nach Köln und nach Rom. Und das war noch immer so, als in den frühen neunziger Jahren meine Kinder Lo und Lu zur Welt kamen. Nichts habe ich mehr bedauert als die Tatsache, dass sie nicht (wie ich selbst) in Köln aufwachsen konnten. Wettzumachen war das nur dadurch, dass ich möglichst häufig mit ihnen dorthin fuhr, um ihnen diese einzigartige Stadt Stück für Stück näher und näher zu bringen.

Während ich sie durch Köln führte, besuchten wir natürlich auch immer wieder den Dom. Und genau dort passierte es dann: Ich musste mich fragen, wie es um meinen Glauben stand. Wie viel Kinderglaube hatte sich noch erhalten? Und wie sollte ich diesen Glauben an die Kinder weitergeben? In meinem Roman »Lo und Lu« habe ich zwei sehr gewichtige Kapitel genau diesem Thema gewidmet. Es begann damit, dass ich mich nach einem Dombesuch unsicher in ein Kölner Brauhaus direkt gegenüber dem Dom zurückzog, um in Ruhe alles zu durchdenken …

Wenn man den Bahnhof verlässt, steht man direkt vor dem Dom, und ich denke mir, das ist zu viel für Lo und Lu, sie wollen nicht sofort nach ihrer Ankunft in Köln hinein in den Dom. Im Zug war vom Dom zwar schon eine Weile die Rede, wie er überhaupt schon lange Zeit in unseren Gesprächen auftauchte, aber jetzt, unmittelbar nach der Ankunft, überrascht und erschreckt er einen dann eben doch. Ich gehe also mit den beiden zunächst außen herum um den Dom, dass dies eine zugige Ecke ist, hat schon mein Großvater gesagt, und es stimmt noch immer, obwohl mein Großvater schon lange tot ist.

Fast alle meine inzwischen verstorbenen Verwandten sind in ihrem meist recht langen Leben immer wieder nach Köln gefahren, und die lebenden machen es ihnen unaufhörlich nach, unsere gesamte sehr große Sippschaft fährt nach und trifft sich seit Jahrhunderten in Köln, es ist nicht zu erklären, warum das so ist, vielleicht tragen wir alle eine Art Trieb mit uns herum. Manche von uns – wie zum Beispiel ich selbst – hatten sogar das große Glück, in Köln geboren zu werden oder dort gelebt zu haben, das verstärkt den Trieb noch um einiges. Wenn wir eine Weile nicht in Köln gewesen sind, beginnt die Köln-Sehnsucht, an unserer Seele zu ziehen. Irgendwo in der Ferne gehen wir dann ein Kölsch trinken und verderben uns dabei furchtbar den Magen, weil man Kölsch nur in Köln trinken kann.

Heute statte ich mit Lo und Lu unseren Antrittsbesuch in Köln ab, ich habe mir vorher genau überlegt, welche Route ich beim ersten Mal wähle, denn es kommt beim ersten Mal natürlich darauf an, ihnen den Köln-Virus so einzuimpfen, dass er sie infiziert für ihr ganzes Leben.

Hinter dem Dom befindet sich der Heinzelmännchen-Brunnen, damit will ich anfangen, statt sofort mit dem Dom aufzutrumpfen, den wir jetzt im Rücken haben, noch immer nahe genug. Die

Heinzelmännchen-Geschichte ist Lo und Lu durch unsere abendlichen Gedicht-Lektüren seit langem bekannt, hier in der Nähe des Brunnens gewinnt die ganze Geschichte aber noch einmal an Leben, denn plötzlich steht Schneiders Weib nahe vor einem und hält sich die Laterne vors schöne Gesicht.

Seit ich das Gedicht wieder ausgegraben und Lo und Lu vorgelesen habe, bin ich von ihm erneut sehr angetan. Seinen wilden und geradezu avantgardistischen Wort-Mischmasch hatte ich völlig vergessen, jedes Mal, wenn ich ihn jetzt rezitiere, komme ich dabei in Schwung, es ist, als hätte sein Autor August Kopisch, hinter dessen Namen ich ein absolut sonderbares und rares Lyrik-Talent vermute, eine Art Kölsch-Lyrik verfasst, so leicht und obergärig schäumt seine lyrische Sprache.

Am liebsten würde ich diesen kühnen Vergleich bei einem Glas Kölsch weiter durchdenken. Die Gelegenheit dazu ergäbe sich gleich neben dem Heinzelmännchen-Brunnen im Brauhaus »Früh«, dessen hohes Eingangsportal längst geöffnet ist, auch die Tür zur Kölsch-Schwemme gleich am Eingang steht offen, und man blickt hinein in einen dunklen und durchfeuchteten Kölsch-Magen, der unaufhörlich mit frisch gezapftem Kölsch gefüllt wird.

Das Brauhaus von Peter Josef Früh war für viele aus unserer Familie manchmal das einzige Kölner Ziel, wenn sie auf Durchreise waren und zum Umsteigen vielleicht eine halbe Stunde Zeit hatten. Vom Bahnhof aus braucht man genau einhundertdreiundvierzig Sekunden zum »Früh«, man postiert sich nahe dem Eingang in der Schwemme und umspielt mit der Zunge durstig die Lippen, dann hält man das erste Glas Kölsch sofort in der Hand.

0,2 l Kölsch trinkt man in etwa acht, neun Sekunden, alles längere Trinken, Kosten oder Absetzen des Glases hat mit richtigem Kölsch-Trinken nichts zu tun, ein Kölsch kann seine besondere Wirkung nur entfalten, wenn man es in einem Zug trinkt.

Wenn man für das Umsteigen in Köln also eine halbe Stunde Zeit hat, dann bringt man es im »Früh« doch auf etwa sechs bis acht Kölsch, den Rückweg zum Bahnhof nimmt man quer durch den Dom und schafft ihn, auch wegen des besonderen Antriebs, den das Kölsch verleiht, dann in genau einhundertdreißig Sekunden.

Ich könnte mich vom Heinzelmännchen-Brunnen aus also sehr bequem ins »Früh« treiben lassen, schon in einer knappen Viertelstunde brächte ich es dort auch zu einem halbwegs befriedigenden Genuss. Ich bin aber noch nicht sicher, wie Lo und Lu auf solche Köln-Rituale reagieren, sie könnten wie der Dom auch etwas Erschreckendes haben, und deshalb bleibe ich vorerst bei Kopischs Versen und lasse die Männlein kommen, die klappten mit Beilen und schnitzten an Speilen und spülten und wühlten und mengten und mischten und stopften und wischten… – so geht das ja Zeile für Zeile, immer toller, es ist Kölsch-Lyrik, ich sagte es schon. Hinter uns, auf der Domplatte, rappelt aber jetzt pünktlich eine kleine gelb-grüne Bahn heran, es ist der Zoo-Express oder der Schokoladen-Express, der Schokoladen-Express ist mir übrigens lieber, weil er ein Stück durch die Altstadt und dann am Rhein entlangfährt und ich außerdem nicht schon wieder in einen Zoo gehen will.

Heinzelmännchen-Brunnen und Schokoladen-Express hintereinander sind ein großer Erfolg, es handelt sich um eine beinahe paradiesische Reihung, und Lo und Lu wundern sich, dass es eine Stadt gibt, deren große Brunnen Kindergedichte erzählen und deren kleine Bahnen Kinder am Rhein entlang direkt zu einem Schokoladen-Museum fahren.

Obwohl das Brauhaus »Früh« keine dreißig Schritte entfernt liegt, setze ich mich doch zu Lo und Lu in den Schokoladen-Express, der richtige Köln-Aufenthalt, halte ich hier aber einmal fest, beginnt aber weder mit einem Brunnen noch mit sonst einem architektonischen Detail, sondern ausschließlich mit mindestens drei schnell getrunkenen Kölsch, es ist übrigens wichtig, dass man sie wirklich schnell trinkt und sich nicht anstiften lässt, sehr viel mehr als genau drei Stück zu trinken, deshalb trinkt man übrigens schnell, das Schnelltrinken lässt einen nicht Kölsch-sesshaft werden, sondern schiebt einen nur an für die weiteren Kölner Geschäfte. Während ich mit Lo und Lu im Schokoladen-Express zum Rhein schaukle, denke ich daran, dass ich heute noch kein einziges Kölsch getrunken habe, ein oder zwei hätte ich mir ruhig erlauben dürfen, denke ich weiter, ich hätte die Kinder am Heinzelmännchen-Brunnen spielen lassen und aus der Schwemme des »Früh« heraus ein Auge auf sie werfen können, leider fällt mir so etwas erst jetzt ein, als es zu spät ist, ich sitze ja schon längst im Schokoladen-Express.

Noch nie, denke ich, während der Zug weiterrumpelt, habe ich einen so seltsamen Köln-Einstieg gewählt. Auf den Heinzelmännchen-Brunnen habe ich früher höchstens einen flüchtigen Blick geworfen, und den Schokoladen-Express habe ich bisher eher als etwas Lästiges und vor allem Hässliches wahrgenommen, auf der grauen Domplatte wirkt sein Gelbgrün wie ein greller Farbfleck, und wenn dazu noch seine aufdringlich helle Glocke geläutet wird, die vor dem Hintergrund der schweren und gravitätischen Dom-Glocken ja nur noch lächerlich wirkt, wendet man sich als Erwachsener endgültig von so einem Scheusal ab.

Ich habe es auch nicht gern, wenn mir jetzt, mitten auf der Fahrt, eine penetrante Stimme mein Köln erklärt, niemand soll mir sagen, dass wir den Alten Markt passieren, das weiß ich selbst, ich wehre mich gegen dieses Touristen-Vokabular, ich bin hier kein Tourist, am liebsten risse ich mir das Hemd auf, um allen meine Köln-Wunden und mein Köln-Herz zu zeigen, doch bevor ich davon zu erzählen beginne, fange ich selbst über die Umgebung zu sprechen an, zwei Stimmen kämpfen nun gegeneinander, doch Lo und Lu möchten die fremde Köln-Stimme hören, weil sie die noch nicht kennen.

Im »Früh« hätte ich jetzt bereits meine drei Köln-Begrüßungs-Kölsch getrunken, fällt mir ein, ich möchte wissen, wann ich endlich dazu komme. Im Schokoladen-Museum, denke ich, jedenfalls nicht, obwohl es dort auch Kölsch gibt. Man kann aber in der Nähe von so viel massiver Schokolade kein Kölsch trinken, es verliert seinen Geschmack, das weiß ich, und während Lo und Lu ins Schokoladen-Museum hineinlaufen, denke ich noch, hoffentlich bestehen sie nicht auf einer Führung.

Im Foyer des Museums gibt es aber eine Einkaufs-Abteilung, und Hunderte von Schokoladen-Tafeln, die viel dicker und schwerer als sonst in Geschäften sind, liegen zu komplizierten Türmen aufgebahrt neben- und übereinander, ganz zu schweigen von den rundturmartigen Hochbauten, in denen lauter bunte Süßigkeiten wie Pralinen oder Geleesorten lagern, ich nehme, wenn überhaupt, meist nur drei, vier kleine Schaum-Mäuse, das kommt heute aber überhaupt nicht in Frage, weil ich meine Begrüßungs-Kölsch noch nicht getrunken habe und ich diese Kölsch nach dem Genuss von drei weißen Schaum-Mäusen nicht mehr werde trinken können, die Gründe dafür habe ich schon exakt dargelegt.

Lo und Lu aber machen diese Türme und Hochbauten einen ganz unsinnigen Spaß, sie laufen mit kleinen Schaufeln umher und schütten die frische Ware in große Tüten, während ich hinter ihnen hereile und ihnen das Verderbliche und Gesundheitsschädliche der frischen Waren erläutere. Lo und Lu aber erwidern nur, sie wollten all die Süßigkeiten ja keineswegs essen, sondern einfach nur mitnehmen, weil sie so schön bunt seien und sich daher zum Spielen eigneten.

Nachdem wir für zwei große Tüten bezahlt haben, gehen wir zu Fuß zurück; noch einmal fahre ich nicht mit diesem Schokoladen-Express und erkläre das auch. Lo und Lu ist das im Augenblick recht, mit ihren zwei großen Tüten laufen sie am Rhein entlang, man kann sich die schweren Schiffe anschauen oder den Rheinbagger, der Sand und Kies aus den Tiefen des Flusses holt.

Lauter Spielwiesen und Klettermöglichkeiten gibt es am Rhein, ich setze mich immer wieder hin und warte auf Lo und Lu und erörtere in Gedanken, wo ich noch meine Begrüßungs-Kölsch trinken könnte, Peters Brauhaus ist jetzt sehr nah und auch das Brauhaus Sion ist gar nicht weit, aber bisher habe ich stets im Brauhaus »Früh« angefangen, und solche Rituale soll man nicht mutwillig außer Kraft setzen.

Den halben Vormittag, bemerke ich mit einem Blick auf die Uhr, haben wir nun für Heinzelmännchen-Brunnen, Schokoladen-Express, Schokoladen-Museum und Rheinufer verbraucht, es ist kaum zu fassen, wie die Zeit vergeht, wenn man die Ausgestaltung vor allem Lo und Lu überlässt. Bis zum Mittag möchte ich ihnen noch etwas aus der Römerzeit zeigen und zumindest einige Schritte in den Dom gemacht haben, Lo und Lu haben aber in der Ferne, nahe der Zoobrücke, eine Gondelbahn entdeckt, und genau dorthin wollen sie jetzt, so dass ich einigen Widerstand brechen muss, bis ich sie vom Rheinufer weglotsen kann.

Wir werden mit einem Taxi zur Gondelbahn fahren, zu Fuß ist das viel zu weit, erkläre ich und gehe voran, als gingen wir schnurstracks zu den Taxis, die ja nicht am Rheinufer, sondern in Domnähe warten. Ich weiß, daß die Gondelbahn-Idee jetzt eine große Macht in Los und Lus Gedankenwelt hat, es wird sehr schwer werden, sie ganz davon abzubringen, aber ich will es versuchen, sonst werden wir nie in die Römerzeit gelangen und den Dom nicht einmal betreten, ganz zu schweigen davon, dass ich nicht an meine Begrüßungs-Kölsch kommen werde, die am Mittag übrigens schon erheblich fader schmecken als am frühen Morgen.

In der Nähe der Domplatte gibt es eine alte römische Hafenstraße, für den Anfang ist das Römerzeit genug, denke ich, in den kommenden Jahren werden Lo und Lu dann alle Einzelheiten kennenlernen, das ganze Römisch-Germanische Museum, Mosaik für Mosaik und Grabstein für

Grabstein, ein richtiger Kölner kennt ja selbst die lateinischen Grabinschriften auswendig.

Bei unserem Kölner Antrittsbesuch aber soll uns die römische Hafenstraße genügen, sie besteht aus großen Basaltstein-Platten mit sehr breiten Fugen, über die nie im Leben ein römisches Fuhrwerk gefahren sein kann. Lo und Lu aber gefallen die großen Platten und die breiten Fugen, sie können von Platte zu Platte auf einem Bein hüpfen, und wer mit dem anderen aufkommt, hat schon verloren. In der Nähe ist auch ein kleiner Brunnen, da fließt sogar Wasser, für einen Moment erinnert mich das an die unzähligen Brunnen Roms, und ich denke daran, dass es längst höchste Zeit ist, mit Lo und Lu zusammen nach Rom zu fahren.

Fast glaube ich, die Gondelbahn mit den schönen Gondeln über dem Rhein aus Los und Lus Gedankenwelt verdrängt zu haben, da sieht Lo einen Taxistand gleich in der Nähe. Bevor wir zur Gondelbahn fahren, sage ich rasch und bestimmt, wollen wir den lieben Gott noch im Dom besuchen, wir können nicht den ganzen Tag in Köln verbringen, ohne einen Schritt in den Dom getan zu haben.

Das verstehen Lo und Lu seltsamerweise, ich nehme Lo links und Lu rechts an der Hand, und dann treten wir zum ersten Mal ein in den Dom, es ist ein feierlicher Moment, und ich gebe zu, dass ich aufgeregt bin und mein Herz spürbar klopft.

Wie oft bin ich schon im Dom gewesen, die ersten Kinderjahre fast jede Woche, und da es meist eisig kalt war im Dom und die Kälte des hohen Mittelschiffs einen am Eingang besonders schneidend befiel, begann man als Kind nach dem Eintreten meist rasch zu laufen. Ich lasse Lo und Lu los und will ihnen etwas erklären, dass sie hinaufschauen zu den Fenstern und zum hohen Gewölbe, da laufen sie aber schon los, wie an der Schnur gezogen, rasen sie durchs rechte Seitenschiff, und ich höre einen der Dom-Schweizer im roten Gewand einen empörten Satz ausspucken von der Art, die ich schon als Kind oft zu hören bekam, als ich selber losraste.

Das Rasen durchs rechte Seitenschiff endet vor der Marienkapelle, in der sich Stefan Lochners Altar der Kölner Stadtpatrone befindet, es handelt sich, wie ich freilich Lo und Lu jetzt noch nicht erklären kann, um ein Allerheiligstes des Kölner Weltbürgertums, um ein Kleinod der ältesten Köln-Legenden, um ein dreiflügeliges Altarbild, das der richtige Kölner bis ins Muster der Brokatvorhänge auf der Darstellung der Verkündigung der frohen Botschaft an die Jungfrau Maria kennt.

Erklären kann ich Lo und Lu aber immerhin, dass in der Mitte des Hauptbildes gut sichtbar Maria mit dem Jesuskind sitzt und die Heiligen Drei Könige sie gerade besuchen, um ihr Geschenke zu bringen, und dass links die heilige Ursula mit ihren Gefährtinnen zuschaut und rechts der heilige Gereon mit seinen Gefährten, und auf dem grünen Wiesenstück des Bodens blühen die seltensten Blumen, einige winzige Engel kreisen wie Fledermäuse um die Köpfe der Hauptfiguren, und zwei der winzigsten Engel halten hinter Maria wieder einen Vorhang aus kostbarstem Brokat.

Ich müsste jetzt weitermachen und erklären, warum die heilige Ursula und der heilige Gereon auftreten, ich müsste also ihre Geschichte erzählen, das erscheint mir im Moment aber einfach zu viel, Lo und Lu wollen weiter, zum Schrein der Heiligen Drei Könige, über den will ich auch noch etwas sagen und Lo und Lu dürfen ihn durch ein kleines Fernglas genauer betrachten.

Während ich ihnen aber noch von den Heiligen Drei Königen erzähle und davon, wie sie nach Köln gekommen sind, bemerke ich, auf welch unsicherem Fundament meine Erzählungen stehen. Kunsthistorisch mag alles einigermaßen stimmen, theologisch dagegen stoße ich immer wieder auf Lücken, was, wie ich weiter bemerke, vor allem daran liegt, dass ich nicht richtig aushole, ich erzähle vom lieben Gott, der Maria und dem Jesuskind seltsam fragmentiert, als wollte ich bestimmte Details noch für mich behalten.

Welche Details willst du warum für dich behalten, frage ich mich, neben dem Schrein der Heiligen Drei Könige stehend, den Lo und Lu gerade bestaunen, was sind das für geheime Geschichten, um was geht es da?

Es hat, ahne ich zumindest, mit den großen religiösen Themen zu tun, ich muss darüber nachdenken, ob und wie ich sie Lo und Lu einmal erzähle, soll ich mit all diesen Glaubensfundamenten herausrücken oder soll ich dieses früheste und älteste Wissen meiner eigenen Kölschen und damit natürlich katholischen Kindheit bis auf weiteres für mich behalten?

Neben dem Schrein der Heiligen Drei Könige im Kölner Dom stehend, bemerke ich also, dass ich mich vor einigen sehr wichtigen und jetzt brennenden Fragen bisher gedrückt habe: Soll ich Lo und Lu so etwas wie den Glauben an Gott in allen Einzelheiten, stückweise oder in kleinen Mengen überliefern, oder soll ich es ganz bleiben lassen, bis sie alt genug sind, solche Glaubensfragen allein zu durchdenken? Und, einmal angenommen, ich überlieferte ihnen den Glauben an Gott, wie weit soll oder muss ich dann gehen, bis in alle Details, bis zur Jungfrauengeburt und zur Auferstehung und bis zum Glauben an das ewige Leben?

Mein Gott, ich hätte das früher durchdenken müssen, sage ich mir jetzt, ein bloßes Herumstehen vor dem Altarbild von Stefan Lochner macht ja kaum einen Sinn, wenn nicht genau geklärt ist, was die heilige Ursula und den heiligen Gereon mit dem Glauben an Gott genau verbindet, von der Geschichte der Heiligen Drei Könige und dem unruhigen Zug ihrer Knochen über die Alpen hierher schweige ich einmal ganz.

Fürs Erste, finde ich, haben Lo und Lu im Dom genug gesehen, einen ersten Eindruck haben sie wohl schon empfangen, »empfangen« ist seltsam, wie kommst du auf diese Vokabel, frage ich mich, »einen ersten Eindruck empfangen« scheint mir sehr katholisch zu sein, was ist das, denke ich, fange ich schon an, katholisch zu denken?

Zwölf Uhr, Mittagszeit, sehe ich nach einem Blick auf die Uhr, und dann spreche ich von meinem Hunger und dass ich Durst habe, furchtbaren Durst, und freue mich über meinen kleinen Erfolg, denn auch Lo und Lu haben Hunger und melden, dass sie Durst haben, furchtbaren Durst.

Zum Glück, liebe Kinder, sage ich, ist das Brauhaus Früh ganz in der Nähe. Wir werden dort etwas essen und trinken und uns ein wenig ausruhen.

Und danach fahren wir weiter zur Gondelbahn, freut Lo sich schon im voraus.

Und danach sehen wir weiter, sage ich und nehme Lo links und Lu rechts, und steuere auf das Brauhaus Früh zu, das zu dieser Stunde noch einige Tische frei hat, sehr schöne, einfache, blank gescheuerte Brauhausholztische.

Zwei Kölsch, bestelle ich, und zwei Apfelsaftschorle.

Zwei Kölsch, fragt der Köbes, kommt noch jemand?

Zwei Kölsch, sage ich, für jedes Kind trinke ich eins.

Verstehe, sagt der Köbes, muss ich mir merken, ich habe nämlich vier Kinder.

Kaum eine Minute später ist alles da, die zwei Kölsch und die zwei Apfelsaftschorle, und kaum zwei weitere Minuten später habe ich beide Kölsch auch schon getrunken. Leider kann ich Lo und Lu nicht erklären, welche Seligkeit es bedeutet, ein oder zwei Kölsch zu trinken, denke ich, vielleicht sehen sie es mir ja auch einfach an, ja, sie werden schon merken, wie selig ich bin. »Selig« ist wieder reichlich katholisch, jetzt nimmt das Katholische dich langsam in Beschlag, denke ich weiter und bestelle etwas gut Kölsches zu essen, Himmel un Äd und halven Hahn, all diese Kölschen Spezialitäten und Leckereien, die umständlich zu beschreiben und jedem Hänneschen zu erklären ich jetzt, nach einigen weiteren Kölsch, einfach nicht mehr bereit bin.

Die Hauptsache ist auch, dass es Lo und Lu schmeckt, wir probieren und kosten, und ich trinke noch einige Kölsch, bis die Seligkeit mich so übermannt hat, dass ich nicht mehr an meinen Aufbruch zur Gondelbahn glaube.

Ich sollte das große Thema der theologischen Offenbarung nicht von mir wegschieben, ich sollte es klären, sofort, sage ich mir und gerate ein wenig ins Grübeln. Wo sollte ich einem solchen Thema aber gründlicher nachgehen können als hier in Köln, in der Nähe des Doms, wo sollte ich eher zu einer Lösung gelangen? Ich werde hier sitzen bleiben, genau hier, an dieser historischen Stätte, und ich werde die theologischen Fragen zu lösen versuchen, und wenn ich fünfzig Kölsch dafür brauche, denke ich endlich und weiß plötzlich einmal genau, was ich als Nächstes tun muss …

Nach unserer ersten gemeinsamen Mahlzeit im Brauhaus Früh habe ich eine Kölner Verwandte angerufen, die schon lange einmal etwas mit Lo und Lu unternehmen wollte. Ich habe sie gefragt, ob sie Zeit und Lust habe, den beiden die Gondelbahn an der Zoobrücke zu zeigen und eine Gondelbahnfahrt mit ihnen zu machen, einmal hin, einmal zurück. Und dann haben wir am Taxistand auf die liebe Verwandte gewartet, und als die drei sich auf den Weg gemacht hatten, bin ich zurück ins Brauhaus Früh gegangen, um die theologischen Fragen bei einigen weiteren Kölsch zu durchdenken.

Der Glaubenslehrer 2

Das Durchdenken der Glaubensthemen, die ich meinen Kindern Lo und Lu in den frühen neunziger Jahren näherbringen wollte, führte in einem Kölner Brauhaus dazu, dass ich mir noch einmal die Frage stellte, wie es zu diesem Zeitpunkt um meinen »Glauben an Gott« stand. Hatte mich seit der Kindheit nichts von diesem Glauben abgebracht? War ich also noch immer ein Glaubender – und wenn ja (oder zumindest halbwegs): Was war denn warum von meinem alten Kinderglauben übrig geblieben?

Dieses Buch (»Glaubensmomente«) erzählt von der Geschichte meines Glaubens in den ersten vier Jahrzehnten meines Lebens. Mit zunehmendem Alter hat sich die Hinwendung zu diesem großen Lebensthema eher noch intensiviert. Ich könnte »eine Geschichte meines Glaubens« schreiben, und es würde ein umfangreiches Buch. Aber ich sehe den Augen und dem Lächeln meiner Frau (in ihrer Eigenschaft als Verlegerin) an, dass ich dieses große Projekt noch einige Zeit als einen schönen Traum hüten und nicht zu viel davon sprechen sollte.

Was kann ich also zum Abschluss höchstens noch sagen? Dass ich (auf erstaunliche Weise) bis heute ein Glaubender geblieben bin und den frühen Kinderglauben trotz aller Verwandlungen (von denen ich so gerne noch viel ausführlicher erzählen würde) eigentlich nie verloren habe. Und dass ich diesen Glauben, »so Gott will«, weiter und weiter behalten werde, bis an mein Ende.

Zwei Kölsch, sage ich zu dem Köbes, der mich gleich wiedererkannt hat.

Zwei, fragt er, obwohl keine Kinder mehr da sind?

Wenn ich nur eins trinke, könnte sich das andere später benachteiligt fühlen, antworte ich.

Von Ihnen lerne ich heute aber eine Menge, sagt der Köbes und beeilt sich, erneut zwei Kölsch zu bringen.

Die Fragen, die ich mir stellen muss, sind sehr schwierige Fragen, fange ich langsam zu denken an, aber ich sollte über diesen schwierigen Fragen nicht schwer werden, sondern meinem Nachdenken eine gewisse Leichtigkeit und Frische zu erhalten versuchen.

Die Frage nach dem Glauben an Gott ist zunächst nämlich einmal etwas sehr Einfaches, weil Lo und Lu sie längst beantwortet haben. Sie können sich die Erde und den Himmel ohne ein großes, übergeordnetes Wesen, das all das erschaffen hat, gar nicht vorstellen. So wie sie noch an viele Zauber auf dieser Erde glauben, so glauben sie auch noch ganz selbstverständlich an Gott, von dem sie annehmen, dass er weit oben, in den fernsten Himmeln, lebt und auf seine Schöpfung herabblickt. »Gott« ist also so etwas wie ihre Zauberer-Idee für den Anfang und für das Ende, er ist der Name dessen, der immer schon vor ihnen da war und der da sein wird, wenn von uns Lebenden niemand noch die Erde bewohnt.

Dieser Zauberer-Glaube ist, wie gesagt, noch sehr einfach, er hat auch noch nichts mit der Kirche, ihren theologischen Gesetzen und Regeln, zu tun, sondern ist wie ein Instinkt, der Lo und Lu dazu treibt, sich etwas Großes und Wunderbares vorzustellen, das außerhalb unserer Erde existiert, aber dennoch mit ihr verbunden ist. Mit dieser Verbindung freilich fangen die schwierigen Fragen dann an, schließe ich den ersten Absatz meines Gedanken-Tractatus ab und schaue auf den frischen Bierdeckel, auf dem sich zwei markante Bleistiftstriche für zwei Kölsch befinden.

So in Ruhe habe ich lange nicht mehr an einem Wirtshaustisch gesessen, weiche ich ein wenig vom Thema ab, denn wenn ich mit Lo und Lu zusammensitze, habe ich natürlich gar keine Ruhe. Jeden Moment muss ich neu reagieren, eine Frage beantworten, die Übersicht behalten, man bemerkt selbst oft gar nicht, wie sehr einen das mitnimmt und anstrengt. Erst jetzt, in einem solchen Moment, bemerkt man deutlich, welche völlig ungewohnte Ruhe einen umgibt, und eine längst verloren geglaubte Gelassenheit breitet sich in einem sehr wohltuend aus.

Andererseits neigt man in einem gewissen Alter dazu, behäbig zu werden, und deshalb hat es auch seine gute Seite, dass Lo und Lu einem so etwas erst gar nicht erlauben. Wenn ich etwa an einige meiner Freunde denke, so haben sie sich in den letzten Jahren ganz erstaunlich verändert. Viel von ihrer Umtriebigkeit und früheren Neugier haben sie nämlich verloren, stattdessen schwärmen sie notorisch von den schönsten Ruheplätzen der schönsten Inseln und Städte der Welt. Ein wenig sind sie alle zu kleinen Gourmets und Rotwein-Fetischisten geworden, ich kann gar nicht hinhören, wenn sie von ihren einsamen Wohlfühlstunden erzählen, die sie in ihren kultiviert angelegten Weinkellern bei Kerzenlicht und gedämpfter Musik verbringen.

In meinem jetzigen Zustand hielte ich es keinen Abend lang in einer solchen Umgebung aus, ich würde auf und davon laufen und mich gröberer Kost zuwenden, etwas gehoben Gröberem, meine ich, keineswegs aber etwas Grobem, etwas Robusterem. Das Zusammensein mit Lo und Lu bewirkt neben vielen anderen Veränderungen nämlich eine untergründige Abneigung gegen beinahe jede Form von intellektueller Artistik, mein Gott, haben die denn keine anderen Sorgen, fragt man sofort scharf, wenn man all die Debatten in den Nachtkulturbeiträgen der dritten Programme erlebt.

Zwei Kölsch, fragt der Köbes, und ich antworte: So soll es sein. Wo war ich, frage ich mich selbst dann aber streng, richtig, ich befand mich in einem ernsthaften Gespräch mit mir über die Fragen des Glaubens, und ich hatte als Erstes festgehalten, dass der Glaube an Gott für Lo und Lu zunächst einmal etwas Natürliches ist, ihr Kinderglaube antwortet auf ihre einfachsten und natürlichsten Fragen, auf die Fragen danach, wer das Leben geschaffen hat und was geschieht, wenn es hier zu Ende ist.

Ich kann Lo und Lu auf solche Fragen unmöglich mit Theorien kommen und ihnen etwas Abgebrühtes vom Nichts und dem Urknall erzählen, sie würden mir auch gar nicht glauben, es drängt sie im Moment ja auch sonst nur zu den Märchen und Zaubergeschichten und keineswegs zu trockenen Theorien.

Außerdem sollte ich mich an meine eigene Kindheit erinnern, denn auch ich habe doch ganz selbstverständlich damals an Gott geglaubt, der Glaube an Gott hatte sogar etwas sehr Beruhigendes, ich erinnere mich noch daran, wie einfach und beruhigend es zum Beispiel war, Gott von sich zu erzählen, davon, was einen bedrückte, wovor man Angst hatte und wie man sich die Lösung eines Problems mit Gottes Hilfe vorstellte. Solche Erzählungen und Dialoge waren die Grundlagen meiner kindlichen Gebete, und sie richteten sich immer wieder und einzig nur an den einen und großen Gott, kaum aber an Jesus Christus, seinen eingeborenen Sohn, unseren Herrn ...

Mein kindlicher Glaube war, wenn ich es richtig betrachte, ein Glaube an Gott, den einen und unteilbaren, es war eine strenge und einfache Form des Monotheismus, in der es für Jesus Christus, den Sohn, zunächst keinen Platz gab. Das »Vater unser im Himmel« war das erste längere Gebet, das ich lernte, und es entsprach bis in seine letzte Wendung hinein genau dem, was ich glaubte und mir selbst ausgedacht hätte, wenn ich so begabt gewesen wäre, mir so etwas auszudenken. Im »Vater unser« aber kam Jesus Christus nicht vor, er hatte mit diesem Gebet seine Jünger zwar beten gelehrt, sich dadurch aber selbst wie ein menschlicher Beter verhalten, der zu dem einen Gott betete, dessen Reich kommen möge, im Himmel wie auf Erden …

Himmel un Äd, denke ich da plötzlich auf Kölsch und erinnere mich an unser Mittagessen, Himmel un Äd gehören im Blick auf Gott, den einen Schöpfer, eben zusammen, Gott verbindet Himmel un Äd, mein Gott, es ist seltsam, wie leicht es einem in Köln fällt, so etwas in Kölsch bei jeweils zwei Kölsch zu bedenken. Irgend etwas in Köln trägt und drängt einen hin zu den schwierigsten Fragen, und man beginnt, sie leicht zu beantworten.

Das ist wohl das Schönste, denke ich weiter, und es regt mich nun beinahe schon auf, ja, das ist das Schönste: Das Schwierigste leicht zu betrachten, es ernst zu nehmen und doch nicht zu ernst und nicht zu schwer darüber zu werden, vom Schwierigsten also so leicht und doch ernsthaft zu reden, dass es zu Herzen geht.

»Zu Herzen gehen« ist jetzt wieder katholisch gedacht, korrigiere ich mich, aber dann lasse ich das »zu Herzen gehen« doch gelten, auch das, was ich denke, soll ja letztlich nichts anderes als »von Herzen kommen« und »zu Herzen gehen«, was es aber nur tut, wenn es nicht zu schwer ist und auch nicht zu leicht. Das Schwere erdrückt oder macht sentimental, das Leichte entbindet und verführt zu Zynismus, es kommt also darauf an, das Schwierige so zu erleichtern, dass es als Schwieriges spürbar bleibt und einen doch weder niederdrückt noch sich verflüchtigt…, mein Gott, ich sollte das festhalten, ich denke ja gerade ganz ungeheuerlich präzise, nur eine Spur zu umwegig ist mein Denken noch, das muss ich sagen, und deshalb breche ich dieses Denken vorerst hier einmal ab…

Zwei Kölsch, sagt der Köbes, stellt die beiden Gläser hin, macht seine Striche und verschwindet, ohne mich weiter in ein Gespräch zu verwickeln.

Die erfahrenen Köbesse, fange ich wieder an, wissen ganz genau, wann der Gast bereit ist, in ein Gespräch verwickelt zu werden und wann nicht, nichts ist ja schlimmer als die jungen, unerfahrenen Köbesse, die noch sehr viel reden und gar kein Auge haben für den Gast, der in Ruhe nachdenken will. Mir zum Beispiel sieht der erfahrene Köbes mit seinen vier Kindern jetzt ganz genau an, wie angestrengt und hingebungsvoll ich gerade denke, ich denke daran, dass Los und Lus kindlicher Glaube an Gott meinem eigenen kindlichen Glauben sehr ähnlich ist und dass er sich erstreckt bis zu den Grenzen des »Vater unser im Himmel«, in dem Jesus Christus, der eingeborene Sohn, ebenso wenig vorkommt wie die Jungfrau Maria …

Fast war mir als Kind, denke ich weiter und zögere etwas, ob ich so etwas Ketzerisches wohl denken darf, fast war mir die Jungfrau Maria sogar näher als der eingeborene Sohn, denn neben Gott Vater musste es im Himmel ja unbedingt auch eine Frau geben, eine sehr schöne und gütige, eine Art Ingrid Bergman würde ich heute sagen, die neben dem Vater auf dem Thron sitzt oder auf ihrem eigenen Thron, wie war das noch, jetzt wird es unklar, denn genau jetzt verlasse ich das gesicherte kindliche Glaubensterrain, womit prompt die theologischen Haarspaltereien beginnen.

Ich vernachlässige also die Frage, auf welchem Thron Maria sitzen darf oder soll, und nehme sie einfach thronlos hinein in den kindlichen Glauben, sie gehört zu Gott Vater, was schon dadurch zu beweisen ist, dass zahllose der kindlichen Gebete dann auch Maria galten, Maria, der Himmelskönigin, im Monat Mai war die hohe Zeit dieser Gebete und Lieder, ich habe daran die schönsten Erinnerungen, und diese Erinnerungen haben mit der großen Freude zu tun, die ich nach dem Verlassen der Kirche im Mai empfand, eine ungeheure Genugtuung und Ruhe trug ich da mit mir herum, als könnte ich ganz sicher sein, bis zur nächsten Andacht unter Marias vollkommenem Schutz zu stehen.

Gott Vater und Maria ergänzten sich also, der Glaube an sie war der kindliche Glaube an ein fernes, aber dennoch ansprechbares Paar, das zwar nicht verheiratet war, aber eben doch zusammengehörte. In der Kindheit habe ich die Nähe dieser beiden großen Glaubensgestalten nie als bedrückend empfunden, all die Greuelgeschichten, die sonst über katholische Kindheiten berichtet werden, sind an mir vorübergegangen, Gott Vater und

Maria die Himmelskönigin waren einfach nur so etwas wie die besten Zuhörer, denen man im Stillen zujubelte, wenn man froh war, und zu denen man sich flüchtete, wenn es einem schlecht ging.

Das »Vater unser im Himmel« und das »Gegrüßet seist Du, Maria« waren also die Ur-Gebete der Kindheit, die im Grunde schon den ganzen magischen Kinderglauben enthielten, mehr Text braucht es eigentlich nicht, der Kinderglaube ist vielmehr im Text dieser beiden Gebete vollkommen einleuchtend zusammengefasst. Bis hierher ist also alles noch einfach, schwierig wird es erst, wenn ich an Jesus Christus denke, an die Geschichte vom eingeborenen Sohn.

Warum Gott nämlich Mensch geworden ist und das noch in der Gestalt eines Sohnes, empfand ich schon als Kind als eine kaum zu beantwortende Frage, für die auch mir selbst nie eine einzige überzeugende Antwort einfiel. Statt einfacher und überzeugender Antworten gab es für diese Frage nur eine Katechismus-Antwort, die man auswendig lernte. Das Auswendiglernen einer Antwort auf eine so wichtige Frage war aber kein gutes Zeichen, denn es deutete an, dass die Erscheinung von Gottes Sohn auf dieser Erde gewisser umständlicher und weitschweifiger Erläuterungen bedurfte und sich nicht von selbst verstand.

Die Katechismus-Antwort, Jesus Christus sei auf die Welt gekommen, um uns von unseren Sünden und unserer Schuld zu erlösen, stellte mich als Kind denn auch nicht zufrieden, denn wie hätte ich als Kind begreifen sollen, um welche Sünden und welche Schuld es sich handelte? Mit dem dunklen und griesgrämigen Gerede von Sünde und Schuld, das meist ja auch noch die sehr ferne und wenig glaubhafte Geschichte von Adam und Eva nach sich zog, geriet der einfache, magische Kinderglaube ins Wanken und stieß auf so etwas wie Theologie. Dass Gott ein Mensch geworden war, war schon sehr schwer zu begreifen, dass er es in der Gestalt eines Sohnes geworden war, noch viel schwerer, dass es daneben aber auch noch einen heiligen Geist und damit so etwas wie eine Dreifaltigkeit geben sollte, verstand außer Theologen kein Mensch mehr.

Als Kind habe ich mir notgedrungen denn

auch nur eine Art Kurzfassung der ganzen komplizierten Geschichte zurechtgelegt. Gott hatte die Erde erschaffen, so viel war klar. Nachdem er sie erschaffen hatte, hatte er sich von ihr zurückgezogen, mit der Zeit jedoch bemerkt, wie böse die Menschen geworden waren und welchen Unsinn sie mit den irdischen Gaben anstellten. Um ihnen das richtige, geduldige und vor allem gewaltlose Leben noch einmal beispielhaft vorzuführen, schickte Gott seinen Sohn auf die Welt. Nachdem der den Menschen sein gutes Beispiel gegeben hatte, verschwand er wieder im Himmel, in den Gott dann auch jene Menschen aufnehmen würde, die dem guten Beispiel seines Sohnes zumindest in Ansätzen folgten.

An dieser gerafften Form von Theologie habe ich bis zu meiner Pubertät festgehalten, dann freilich gerieten auch diese Glaubenssätze ins Wanken, sie waren einfach schwer zugänglich und bedurften einer gewissen großzügigen Phantasie, auf die man als Jugendlicher allmählich zu verzichten begann. Meine Kirchenbesuche sind seltener und schließlich ganz selten geworden, und am Ende habe ich Kirchen wohl nur noch aus nostalgischen Gründen aufgesucht, denn sie erinnerten mich mit all ihrem Dunkel und ihren Weihrauchdüften ja durchaus noch an etwas Schönes, an die frühesten Kindertage nämlich, zu deren Glück ein stabiler Kinderglaube beigetragen hatte …

Was aber ist am Ende aus diesem Kinderglauben geworden, habe ich ihn als Erwachsener etwa ganz verloren, und gegen was habe ich ihn denn eingetauscht?

Jetzt wird es ernst, denke ich bei dieser Frage mit einem gewissen Erschrecken und stehe auch gleich auf, als wollte ich dem Ernst ausweichen oder zumindest eine kurze Auszeit vor ihm nehmen. Manchmal kommt es mir so vor, denke ich aber schon weiter, als hätte ich den magischen Kinderglauben in Wahrheit gar nicht verloren, sondern nur für einige Zeit in mir versteckt, jedenfalls habe ich doch nie angenommen, es gebe gar keinen Gott, nein, das nicht. Eher könnte man sagen, dass ich aufgehört habe, an Gott zu denken und mich bei jeder Gelegenheit an ihn zu wenden, obwohl, so ganz stimmt das nicht, denn manchmal brach immer wieder etwas in mir auf und dann habe ich eben doch, aber heimlich, an Gott gedacht und mich an ihn gewendet ...

Im Grunde habe ich also mein Leben lang an Gott geglaubt, sage ich plötzlich zu mir und schaue mich um, als hätte ich versehentlich laut gesprochen, ich spreche aber nicht laut, es kommt mir nur so vor, weil ich aufgeregt bin und nicht recht fasse, wozu ich mich eben durchgedacht habe.

Hör jetzt auf, weiter zu denken, denke ich, halte hier einmal ein, und dann gehe ich langsam und als trüge ich eine schwere Denklast durch die großen Brauhaussäle des Brauhauses Früh. Langsam füllen sich diese Säle nun wieder, in manchen Winkeln brennt schon das Licht, wie angenehm ist es, durch so große Säle zu gehen, denke ich, und wie schön muss es sein, hier in großer Gesellschaft große Feste zu feiern, mit lauter Himmel un Äd und mit lauter Kölsch, die kein Mensch am Ende mehr zählt.

Ich steige hinunter zu den Toiletten im Keller, da wasche ich mir durchs Gesicht, und als ich wieder oben an meinem Tisch bin, sage ich zu meinem Köbes: Der große Ecksaal gefällt mir am besten, da würde ich gerne mal feiern.

Dann feiern Sie doch, sagt mein Köbes und bringt sofort wieder zwei Kölsch, von der Taufe bis zur Beerdigung feiern wir hier einfach alles.

Ich lasse mich taufen, denke ich da und streiche diesen Gedanken zunächst kurz, doch er lässt sich nicht so einfach vertreiben. Wir lassen Lu taufen, korrigiere ich mich, Lu sollte getauft werden, wir haben es bereits mehrmals aus den verschiedensten Gründen verschoben. Lo wurde in Rom getauft, saust es mir dann durch den Kopf, Lu aber ist noch immer nicht richtig getauft, wahrscheinlich liegt es daran, dass ich mir in Bezug auf den Glauben einfach nicht sicher genug war, innerlich nagte und bohrte es dunkel in mir, und so brachten wir es einfach nicht zu einem Anlauf, Lu taufen zu lassen.

Als ich mit Lo in Rom war, war so etwas gar kein Problem, Rom bestand ja mit all seiner Macht einfach auf dieser Taufe, so wie heute Köln auf Lus Taufe besteht, mein Gott, so ist es wahrhaftig, und das bedeutet, dass Lu natürlich in Köln getauft werden wird und natürlich nirgendwo anders als nebenan, im Kölner Dom, wo auch ich getauft wurde, gleich nebenan.

Einmal taufen, würde ich nun am liebsten dem Köbes zurufen, lehne mich dann aber etwas zurück, um die Rückenlehne des Stuhles als festen Halt deutlich zu spüren. Die schwierigsten Fragen habe ich durch gründlichstes Nachdenken gelöst, denke ich. Festzuhalten bleibt, dass ich auf eine stabile Kurzfassung der Geschichte von Gott Vater und Gottsohn zurückgreifen kann, den heiligen Geist lasse ich vorerst einmal beiseite. Mit dieser Kurzfassung werde ich Lo und Lu gegenüber aufwarten, sie erklärt einigermaßen, warum Gottes Sohn auf die Welt kommen musste und warum es sich lohnen könnte, ihm dorthin zu folgen. Auch die Geschichten der vielen Heiligen, die ich als Kind so liebte, werden sich gut an die Kurzfassung anschließen lassen, schließlich kann man die Heiligen als Menschen verstehen, die dem Beispiel des Gottessohnes zu folgen versuchten.

Genau in diesem Rahmen aber werde ich den Glauben belassen, denke ich schließlich. Gott Vater, Gott Sohn, Maria und die Gemeinschaft der Heiligen – das genügt, das Sünden- und Schuld-Spektakel brauche ich dazu nicht und auch nicht die vielen Details der Theologie von der Jungfrauengeburt bis zum Zölibat.

Vor allem aber sollte ich mich auf die Reste meines eigenen Glaubens verlassen, denn wie sollte ich Lo und Lu die überzeugende Kurzfassung des Glaubens nahebringen, ohne selbst daran zu glauben? Als eine schöne Erzählung darf ihnen diese Fassung jedenfalls nicht vorkommen, denke ich, sonst würden Lo und Lu ja bemerken, dass ich es selbst nicht ernst meine, wodurch der Glaube erschüttert wäre und dessen in den Kinderjahren so beruhigende und stärkende Wirkung dahin wäre. Nein, damit Lo und Lu glauben, was ich sage, muss ich es selber glauben, und ich glaube ja schließlich, ja, doch, minutiös habe ich mir in den vergangenen Stunden vorgeführt, dass und wie ich glaube, und ab jetzt werde ich es auch laut tun und dazu stehen, so soll es sein, Credo, Alleluja und Amen.

Nun fühle ich mich fast so wie als Kind wenige Minuten nach einer Maiandacht, denke ich, und dieses gute Gefühl werde ich jetzt auch nicht weiter zerdenken, auf gar keinen Fall. Ich werde noch einmal hinübergehen in den Dom und mich in die Sakramentskapelle, die auch die Taufkapelle ist, setzen, und dann werde ich in Gedanken die Einzelheiten der Taufe durchgehen, von der Taufkerze bis zum großen Ecksaal und der Gemeinschaft der Heiligen, Moment, nein, der Gemeinschaft der Feiernden.

Die letzten zwei Kölsch, rufe ich dem Köbes zu.

Was, schon die letzten, fragt er zurück.

Leider, sage ich, für heute schon, heute habe ich nämlich nur zur Probe getrunken.

Dann findet der Ernst wohl ein andermal statt, fragt der Köbes, und vielleicht drüben im Ecksaal?

So Gott will, sage ich und bemerke zum Schluss, wie der davoneilende Köbes meinen Zustand zum ersten Mal kritisch taxiert.

Quellenverzeichnis

Die Dorfkirche der Kindheit, aus: Fermer. Roman. Frankfurt/Main 1979, S. 184–186

Das Kirchlein der Kindheit, aus: Die Erfindung des Lebens. Roman. München 2009, S. 53–56

Ein Glaubensbild meiner Großeltern, aus: Bilder. Geschichten. Schriftsteller sehen Malerei. Hrsg. von Thomas Böhm und Andreas Blühm. München 2006, S. 111–116

Der Dom der Kindheit, aus: Die Erfindung des Lebens. Roman. München 2009, S. 56–63

Im Pfarrhaus des Onkels, aus: Fermer. Roman. Frankfurt/Main 1979, S. 73–82

Der unerschütterliche Glaube, aus: Die Erfindung des Lebens. Roman. München 2009, S. 435–438

Der aufwühlende Glaube, aus: Die Berlinreise. Roman eines Nachgeborenen. München 2014, S. 92–95

Der ermunternde Glaube, aus: Die Moselreise. Roman eines Kindes. München 2010. S. 66–69

Der kindliche Glaube, aus: Der Stift und das Papier. Roman. München 2015, S. 214–227

Kloster und Internat 1, aus: Die Erfindung des Lebens.

Roman. München 2009, S. 340–349

Kloster und Internat 2, aus: Schwerenöter. Roman. München 1987, S. 239-248

Der Glaube Johann Sebastian Bachs, aus: Die weißen Inseln der Zeit. Orte. Bilder. Lektüren. München 2004, S. 151–155

Der römische Glaube 1, aus: Die Erfindung des Lebens. Roman. München 2009, S. 447–495

Der römische Glaube 2, aus: Blauer Weg. München 2014, S. 191–195

Der römische Glaube 3, aus: Blauer Weg. München 2014, S. 484–490

Ein Gebäude des Glaubens 1, aus: Die weißen Inseln der Zeit. Orte. Bilder. Lektüren. München 2004, S. 73–76

Ein Gebäude des Glaubens 2, aus: Die geheimen Stunden der Nacht. Roman. München 2007, S. 248–251

Ein Gebäude des Glaubens 3, aus: Die weißen Inseln der Zeit. Orte. Bilder. Lektüren. München 2004, S. 23–32

Der Glaubenslehrer 1, aus: Lo und Lu. Roman eines Vaters. München 2001, S. 162–173

Der Glaubenslehrer 2, aus: Lo und Lu. Roman eines Vaters. München 2001, S. 173–184

Inhaltsverzeichnis

MIX
Papier aus verantwortungsvollen Quellen
FSC® C013736

Verlagsgruppe Random House FSC® N001967

2. Auflage
Originalausgabe Oktober 2016

Umschlaggestaltung: semper smile, München
unter Verwendung eines Motivs
von © shutterstock/Eky Studio;
© shutterstock/macknimal; © shutterstock/Vilor
Satz: Uhl + Massopust, Aalen
Druck und Einband: Kösel, Krugzell
Klü · Herstellung: BB
Printed in Germany
ISBN 978-3-442-71412-4

www.btb-verlag.de
www.facebook.com/btbverlag

Hanns-Josef Ortheil

Glücksmomente

Geschenkformat, 224 Seiten
btb 74965

»Glücksmomente sind Augenblicke einer besonders intensiven Gegenwart«, in denen jemand plötzlich weiß, wie er »sein will«, so Hanns-Josef Ortheil. Genau solche Glücksmomente aus seinen Romanen und Erzählungen hat er für diese Anthologie ausgewählt und kommentiert. Was Glück ausmacht – hier wird es auf faszinierend einleuchtende Weise erleb- und erfahrbar.

Hanns-Josef Ortheil

Die Erfindung des Lebens

Geschenkformat, 704 Seiten
btb 74635

»Ein überwältigendes Buch, das ich geradezu verschlungen habe.«

Giovanni di Lorenzo, 3 nach 9

»In unendlicher Melodie realisiert dieser Roman Welterschließung als Sprachfindung, faltet sich als Kosmos aus Landschaften, Gewässern, Räumen, rheinischen und römischen Plätzen, Beziehungsmustern – feinnervig, milieukräftig und zeitnah. Ein wunderbares Buch einer Ichwerdung.«

Andreas Nentwich, Börsenblatt

btb

Hanns-Josef Ortheil

Liebesnähe

Roman

Geschenkformat, 512 Seiten
btb 74896

»Ein ungewöhnlicher, spannender Roman darüber, wie sich ein Mann und eine Frau annähern, ohne miteinander zu sprechen. Es ist eines seiner schönsten Bücher.«

Ulrich Wickert

»Ortheil schreibt die spannendsten und auch poetischsten deutschen Liebesgeschichten unserer Zeit.«

Gert Scobel / 3satbuchzeit